DEVOCIONAL
SEMANAL VOL. 1

PERLAS
DEL ALMA

FRANCISCO AULAR

Prefacio por
STEVEN R. MARTINS

PERLAS
DEL ALMA

cántaro
publications

cántaro
publications

www.cantaroinstitute.org

Publicado por Cántaro Publications, un sello editorial del Cántaro Institute, Jordan Station, ON.

Diseñado por Steven R. Martins
Editado por Fernando Clavijo

Library & Archives Canada
ISBN 978-1-990771-28-6

Acerca del Cántaro Institute

Heredar, Informar, Inspirar

El Cántaro Institute es una organización evangélica reformada comprometida con el avance de la cosmovisión cristiana para la reforma y renovación de la iglesia y la cultura.

Creemos que a medida que la Iglesia cristiana regresa a la fuente de las Escrituras como su última autoridad para todo conocimiento y vida, y sabiamente aplica la verdad de Dios a cada aspecto de la vida, fiel en espíritu a los reformadores, su actividad misiológica resultará no solo en la renovación de la persona humana, sino también en la reforma de la cultura, un resultado inevitable cuando la verdadera amplitud y naturaleza del evangelio es expuesta y aplicada.

PREFACIO

TOCARON LA PUERTA. Una pareja casada de inmigrantes, en el centro de Toronto, abrió la puerta. Detrás de ellos estaba su niño pequeño. El padre que abrió la puerta era portugués y la madre ecuatoriana. Ambos eran católicos nominales. A la puerta había un pastor bautista de Venezuela, parado allí con la Biblia en la mano. Se había presentado antes en alguna otra ocasión, y había sido invitado al pequeño apartamento para charlar. Se sentaron a la mesa de la cocina esa noche mientras el niño jugaba con sus juguetes. El pastor sacó una Biblia, la abrió sobre la mesa y comenzó a compartir el evangelio. Esa misma noche, la madre llegó a la fe. Unos años más tarde, el padre también lo haría. Aquel niño pequeño tendría un hermano menor, y ambos crecerían en la Iglesia.

Ese niño, que creció y se convirtió en un hombre, plantó una iglesia bilingüe y multiétnica en la ciudad de St. Catharines en 2020, mientras que al mismo tiempo formó el Cántaro Institute, una organización dedicada al avance de la cosmovisión cristiana para la reforma y renovación de la Iglesia y la cultura. Ese niño ahora adulto soy yo. Recuerdo ese evento de mi infancia con tanta viveza. Dicen que no recuerdas mucho de tu infancia, pero ese fue un recuerdo que quedó grabado para siempre en mi mente. Ese pastor que visitó a mis padres no era otro que Francisco Aular, autor de este devocional, que el Cántaro Institute tiene el honor de publicar para el beneficio de la Iglesia.

A través de los años, nuestra familia había perdido contacto con el Pastor Aular. Había olvidado su nombre, su rostro, pero no el encuentro que tuvieron en nuestra cocina. Cuando entré en el ministerio pastoral, me puse a pensar en quién era ese hombre. Quería darle las gracias por sembrar la semilla del evangelio. El único recurso que tenía era orar para que algún día pudiera encontrarme con él. De hecho, lo conocí, ese mismo año que oré, en el 2021, en una reunión de pastores bautistas y plantadores de iglesias que tuvo lugar en Toronto, Canadá. Me cautivó su exhortación a los pastores presentes, y cuando compartí su nombre con mi madre, ella me dijo que él era su padre espiritual, el que la había guiado a la fe. Él era el que yo estaba buscando. Dios contesta las oraciones.

¿Quién es Francisco Aular? Aular nació en Venezuela y llegó a la fe en Cristo el 11 de abril de 1963, al leer Juan 17:20. El día de su «renacimiento» espiritual (cuando nació de nuevo) fue un Jueves Santo, el jueves antes de la Pascua. En su edad adulta, Aular eventualmente se mudó a Canadá y pasó cinco años en los Estados Unidos. Durante el curso de su ministerio, que continúa hasta hoy, Aular ha equipado a plantadores de iglesias y misioneros, y también plantó iglesias él mismo, incluyendo la Iglesia Bautista Emanuel en Etobicoke, Ontario. Actualmente, vive con su esposa en Cochrane, Alberta, donde está trabajando para plantar otra iglesia de habla hispana. Además de ser reconocido como un misionero veterano y mentor espiritual, es conocido por su celo evangelístico y su ambiciosa visión de plantar cientos y miles de iglesias a través de la obra evangelizadora de la Iglesia. Habiendo experimentado personalmente el fruto de su trabajo, dado que sembró la semilla del evangelio en mi familia, tengo el privilegio de presentarles el primer volumen de *Perlas del alma*, una colección de devocionales escritos a lo largo de la vida y ministerio de Aular que alentará y edificará la Iglesia en su caminar diario con Cristo.

Steven R. Martins
Fundador del Cántaro Institute

SEMANA 1

¡SEÑOR, TENEMOS UN PROBLEMA!

Cuando veo tus cielos, obra de tus dedos,
la luna y las estrellas que tú has establecido,
digo: ¿Qué es el hombre para que de él te acuerdes,
y el hijo del hombre para que lo cuides?
— **Salmo 8:3-4 (LBLA)**

Desde niño me cautivaron el cielo, la luna y las estrellas, mucho antes del alunizaje del Apolo XI, cuyas incidencias Mary y yo seguimos por televisión en casa de mis suegros. Aquella noche del 20 de julio de 1969, las calles de nuestra ciudad estaban prácticamente vacías. Era muy emocionante ser testigos de primera mano, de aquella ocasión irrepetible en que el ser humano posaba sus pies en la luna por vez primera. Como bien lo dijera Neil Alden Armstrong (1930-2012) el comandante de la misión: "Un pequeño paso para un hombre, un gran salto para la Humanidad." Nosotros lo seguimos paso a paso, con el inolvidable Renny Ottolina. Sabíamos que contemplábamos un evento de dimensiones incomparables, así que, junto a nuestros vecinos, estallamos en aplausos en aquella inolvidable noche.

Digamos que, con los años, los viajes espaciales llegaron a ser rutina. Así que, una noche, oímos un grito de auxilio en el noticiero: "¡Houston, tenemos un problema!" Era la exclamación angustiosa del astronauta Jack Swigert en aquel aciago 13 de abril de 1970 a las 9:30 de la noche. Swigert fue uno de los tres astronautas en la misión del Apolo XIII, la cual había sido lanzada dos días antes, el 11 de abril de 1970. La misión fue el tercer intento de aterrizaje en la Luna, pero se vio interrumpida tras constatarse la ruptura de un tanque de oxígeno en el módulo de servicio de la Nave y por otros problemas.

Inmediatamente los ingenieros del Centro Espacial Johnson Houston se pusieron a trabajar sin descanso, y entre ellos, el joven ingeniero Merlin Merritt, esposo de Shirley G. Clark, hija de nuestros misioneros en Venezuela, Carlos y Shirley Clark. Merlin y Shirley eran miembros de una de las iglesias bautistas de la localidad. Merlin es testigo presencial de los milagros que Dios hizo en el Centro Espacial en esa ocasión, porque en aquellos angustiosos días, el mundo entero se unió en oración. En efecto, el mismo presidente de los Estados Unidos, Richard Nixon, pidió al mundo oración por los astronautas, ya que existía el peligro de que no pudieran regresar a la tierra, pues estaban a 380,000 kilómetros de nosotros. Recuerdo claramente que los medios de comunicación propagaban sin cesar las noticias que se replicaban en los hogares, talleres y oficinas del mundo entero. ¿Lograrían salvarse aquellos hombres o se perderían para siempre en el espacio?

¡Todos éramos testigos de aquellos momentos angustiosos que vivían los astronautas en su pequeña nave y los ingenieros espaciales en Houston! Permítanme decirles que, la noche del 15 de abril, nuestra pequeña Iglesia Bautista

Emanuel de Caracas, ante la convocatoria a la oración de nuestro pastor Rev. Eusebio Pérez, acudió, y oró con fervor, pero, como sabemos, no fuimos los únicos. Nunca como antes pastores, sacerdotes, rabinos y hasta de otras religiones ajenas al judeocristianismo hicieron el llamado a unirnos en la misma plegaria. Se hicieron vigilias de oración y cadenas. La oración que – como he escuchado a algunos decir – es la cenicienta en nuestras actividades religiosas, ¡en aquellos días se puso zapatos de oro y caminó con nosotros! Nuestro amado hermano y amigo Merlin Merritt, por donde va atestigua sobre cómo Dios movió su mano, y facilitó a los ingenieros y a otros científicos la estrategia para hacer realidad lo que parecía imposible: Swigert y sus compañeros Jim Lovell y Fred Haise retornaron sanos y salvos a la tierra el 17 de abril, tras aproximadamente 5 días y medio en el espacio. ¡La oración cambio la historia!

A casi 52 años de aquel suceso, y siendo testigos de la intervención del Todopoderoso escuchando el clamor de la tierra (porque solo hay un Dios verdadero, ¡el Dios de la Biblia!), a la pregunta del salmista: "¿Qué es el hombre para que de él te acuerdes?", respondemos: somos objetos de su amor y compasión, y por eso podemos pedir auxilio al Centro Espacial en donde se encuentra nuestro Padre Celestial y decir con toda confianza: ¡SEÑOR, tenemos un problema!, y la oración cambiará la historia porque, "Dios es nuestro refugio y fortaleza, nuestro pronto auxilio en las tribulaciones" (Sal. 46:1 LBLA).

Oración:

Amado Padre Celestial:

Hoy puedo decir y cantar: ¡No hay Dios tan grande como Tú! Lleno de misericordia, que inclinas tus oídos para escuchar nuestro clamor cuando, en medio de la angustia te buscamos. Gracias por permitirnos comunicarnos contigo por medio de nuestras oraciones. No existe ningún problema por grande o pequeño que Tú no puedas resolver según tu voluntad. Te ruego que pueda yo estar firme delante de Ti y esforzarme en tu gracia para proclamar que eres real. Contigo, sosteniéndome en tus brazos eternos, puedo enfrentar todo lo que está delante de mí. En el nombre de Jesús, amén.

Perla de hoy:

Dios es un refugio seguro en las tormentas de nuestras vidas.

SEMANA 2

CARÁCTER PERDIDO, TODO PERDIDO

"Mas el fruto del Espíritu es amor, gozo, paz, paciencia, benignidad, bondad, fidelidad, mansedumbre, dominio propio; contra tales cosas no hay ley."
– Gálatas 5:22-23 (LBLA)

Hace muchos años, en la oficina de un pastor de una de nuestras iglesias en Ciudad de México, leí este pensamiento: "Dinero perdido, nada perdido. Salud perdida, algo perdido. Carácter perdido, todo perdido." El diccionario define el carácter como el "conjunto de cualidades o circunstancias propias y distintivas... Firmeza de ánimo, energía o temperamento." El origen de la palabra "carácter" (Gk. *Kharaktēr*) nos lleva al griego y significa "marca"; tenía que ver con las vasijas de arcilla que la gente compraba en el mercado, ya que los mercaderes a veces vendían piezas dañadas y para evitar tal engaño, los alfareros ponían sus marcas de calidad. Así pues, el carácter tiene un valor ético enorme, es nuestra marca distintiva. También es bueno señalar que "temperamento" y "carácter" no tienen el mismo significado. Nacemos con el temperamento definido, pero el carácter se forma en la medida en que somos dóciles para asimilar las enseñanzas recibidas en el hogar, en la iglesia, la escuela y la vida.

Jesús es el Modelo de carácter hacia el cual apuntamos los cristianos nacidos de nuevo, pero no por esfuerzo humano, puesto que la gracia de Dios nos dejó al Espíritu Santo, y una de sus especialidades es sellarnos como propiedad de Dios e imprimir el carácter de Cristo en nosotros. Al momento de recibir el regalo de la vida eterna en Jesús, el Espíritu Santo viene al espíritu del ser humano y produce un ramillete de nueve virtudes – además de muchísimas riquezas espirituales: "amor, gozo, paz, paciencia, benignidad, bondad, fidelidad, mansedumbre, dominio propio." ¡No tenemos que orar a Dios pidiéndole estas virtudes porque ya las tenemos en nosotros, lo que tenemos es que ser dóciles al Espíritu Santo para que Él las manifieste a través de nosotros! Entonces, definimos el carácter cristiano como el conjunto de cualidades distintivas que el Espíritu Santo imprime en una persona, para cumplir el propósito de Dios en su transitar exitoso en esta vida. ¡Teniendo un carácter Cristo-céntrico lo tenemos todo!

Oración:

Amantísimo Padre Celestial:

Hoy mi corazón y mi alma te alaban y bendicen tu santo nombre. Hoy mi carácter se viste con tu ropaje, y saco lo mejor que Tú has puesto en mi vida. El amor que todo lo puede está en mí, el gozo que Tú produces, ya vive en mí. Tengo paz en mi alma, y tu paciencia inunda mi ser; los que me rodean hoy recibirán lo que tengo y que viene de Ti: amabilidad, bondad, fidelidad y la humildad. Todo esto será posible porque me has dado también tu dominio propio. ¡Soy más que vencedor! En el nombre de Jesús, amén.

Perla de hoy:

Con la Palabra de Dios como mi manual de conducta y el Espíritu Santo como mi carácter soy un triunfador.

SEMANA 3

EVANGELIZAR: EL MEJOR REGALO A LA PATRIA

"Y hay esperanza para tu porvenir —declara el Señor—, los hijos volverán a su territorio."
– Jeremías 31:17 (LBLA)

El ser humano necesita una patria para sentirse completo en esta tierra. Patria deriva del latín *patria*, familia o clan; *patris*, tierra paterna; y *pater*, padre. La patria es la tierra natal o adoptiva formada como nación a la que sentimos amar por vínculos familiares, jurídicos, históricos y afectivos. Patria es el recuerdo enmarcado en una época anterior que se remonta a la infancia. Patria es cabalgar en esta tierra llevando muy dentro de nosotros, todo aquello que nos dio un motivo primario para vivir. En ella contemplamos a nuestros padres, hermanos, abuelos y demás familiares y amigos; patria es el olor de la comida en las distintas estaciones del año; es la música cuyas notas se graban en nosotros para siempre; patria es la honra a los símbolos nacionales: himno, escudo y bandera. La patria es la geografía que llevamos marcada muy dentro de nosotros: las montañas, los ríos, el mar, los llanos, las costas, los pueblos y las ciudades; patria es nuestra cultura, y esa forma de hablar que consideramos tan natural que ni sentimos el acento particular que nos une, hasta no estar lejos de esa patria en que nacimos. La patria nos dice algo porque nos recuerda otra realidad, algo que nos fascinó en otro tiempo, que puso fuego en nuestro corazón, que irrumpió en nosotros desde el cielo cuando determinó que naciéramos en ella.

Patria es el reconocimiento a nuestros héroes nacionales. Aquellos que lucharon, entregaron sus fortunas y regaron el suelo patrio con su sangre para darnos una nación libre, independiente y soberana. Patria también son aquellos hombres y mujeres que luchan en silencio para darnos un presente y un futuro mejor: los científicos, los intelectuales, los poetas, los deportistas, los maestros y profesores que moldean el carácter de nuestros hijos y nietos al sembrar en ellos los valores del espíritu.

Lamentablemente, el significado de patria suele estar unido a connotaciones políticas e ideológicas que degradan el verdadero sentido de ella, reduciéndolo a manipulaciones demagógicas y al uso propagandístico, con fines únicamente utilitarios para llenar las ambiciones del poder de turno. Así ocurrió también en los días del profeta Jeremías. Los israelitas fueron dominados y sometidos a una tiranía que los llevó fuera de la patria. ¿Todo estaba perdido para los cautivos? No. Dios tenía un mensaje para ellos: Se vislumbra esperanza en tu futuro: tus hijos volverán a su patria – afirma el Señor –. ¡Que nadie nos quite el sueño de una patria nueva y que luchemos por ella siendo mejores ciudadanos!

Por encima de todo, patria es gente. Gente que viene y va; gente que nace y muere; gente que es espíritu, alma y cuerpo, pero, que, además de todas las carencias materiales, sociales, culturales, necesita saber las buenas noticias de salvación en

Jesús: "Yo soy el camino, y la verdad, y la vida; nadie viene al Padre sino por mí" (Juan 14:6). Así como nacimos en una nación y somos ciudadanos de ese país, también necesitamos nacer como ciudadanos de la patria celestial: "Pero en realidad, anhelan una patria mejor, es decir, celestial. Por lo cual, Dios no se avergüenza de ser llamado Dios de ellos, pues les ha preparado una ciudad" (Hebreos 11:16). ¡Esa ciudad es la Nueva Jerusalén! Allí Jesús está preparando un lugar para nosotros (Cf. Juan 14:1-3). Por eso creo que evangelizar es el mejor regalo a nuestra patria.

Oración:

Amado Padre Celestial:

Mi corazón viene lleno de gratitud delante de Ti por haberme permitido saber que el lugar en el que nací y en donde vivo, no es mi verdadera patria. Soy un extranjero en este mundo que va de paso hacia la patria que Tú me tienes preparada. Ayúdame a proclamar en un mundo perdido, tu amor y salvación. En el nombre de Jesús, amén.

Perla de hoy:

Dios es creador de los países y naciones.
Hagamos que nuestra patria vuelva a Él.

SEMANA 4

EVANGELIZAR: EL MEJOR REGALO AL MUNDO

"Porque Dios no envió a su Hijo al mundo para juzgar al mundo, sino para que el mundo sea salvo por Él"
– Juan 3:17 (LBLA)

Juan utiliza la palabra "mundo" ciento cinco veces; setenta y ocho en su Evangelio, veinticuatro en sus Epístolas y tres en Apocalipsis. Si usted lee en el evangelio de Juan, su conocidísimo Juan 3:16, que dice: "Porque de tal manera amó Dios al mundo, que dio a su Hijo unigénito, para que todo aquel que cree en Él, no se pierda, mas tenga vida eterna." Y, luego se lee en su casi desconocido 1 Juan 2:16: "Porque todo lo que hay en el mundo, la pasión de la carne, la pasión de los ojos y la arrogancia de la vida, no proviene del Padre, sino del mundo." ¿Por qué esto es así? En la primera significación, se refiere a los seres humanos, los cuales conforme a su plan eterno, él ha venido a salvar. En la segunda acepción se refiere al sistema antagónico a Dios, contrario a sus planes, y que distrae al ser humano engañado por Satanás, vendiéndole lo temporal por lo eterno. Es un lazo que el diablo ha tendido, inclusive a los cristianos nacidos de nuevo, para desviarnos del verdadero propósito de Dios para nuestras vidas en esta tierra.

Como lo dijo Jesús: "No te ruego que los saques del mundo, sino que los guardes del maligno" (Juan 17:15). El cristiano nacido de nuevo tiene una doble nacionalidad, por una parte está en este mundo temporal con sus distracciones y falsos logros, mientras vive confiado en su destino eterno, que en un sentido ya tiene y que espera al mismo tiempo, pero, tiene una misión histórica que cumplir en este mundo, y no puede ser otra que la que tuvo Jesús mientras caminó en esta tierra, cuando nos dijo: "porque el Hijo del Hombre ha venido a buscar y a salvar lo que se había perdido" (Lucas 19:10). Nuestra única misión en esta vida temporal es llevar las buenas noticias que Dios nos da de la salvación en Jesús al mundo perdido, tal y como él lo dijo a sus discípulos una vez resucitado, y nos los repite hoy: "...como el Padre me ha enviado, así también yo os envío" (Juan 20:21b).

Ciertamente tenemos frente a nosotros un mundo en llamas, buscando la solución en donde jamás la encontrará. Las multitudes necesitan comida, conocimientos, vestidos, salud, pero especialmente necesitan a Jesús.

Aunque en el presente sistema los gobiernos prometen acabar con tres grandes problemas: pobreza, analfabetismo y enfermedad; y aunque existen países con mucho dinero para hacer esto, la corrupción del ser humano en un sistema antagónico a Dios no lo permitirá. No le pidamos a la tierra que nos dé lo que solamente el cielo puede dar. Aunque cada cristiano nacido de nuevo tiene, y debe hacer lo posible para aliviar el dolor del ser humano, no abriguemos la esperanza en lo temporal sino en lo eterno.

Ninguna organización humana del mundo como sistema antagónico a Dios, hará lo que solamente la Iglesia del Señor debe hacer: Evangelizar. Llevar el mensaje de salvación como lo han hecho los hombres y mujeres a través de los siglos, y aun, si fuere necesario dar sus vidas por ello, tal y como hoy está sucediendo en muchos lugares del mundo. Este mensaje debe ser comunicado a todos los seres humanos, hasta la última frontera, porque evangelizar es el mejor regalo que le podemos dar a este mundo.

Oración:

Amado Padre Celestial:

Habrá un día en que las cortinas de los cielos se abrirán para mí, al cambiar de dirección e irme a tu presencia, esto será el resultado de tu gracia y de tu regalo en Jesús, mi Señor y Salvador. Ayúdame hasta el último aliento a proclamar tu bendito mensaje a cada criatura tuya, no quiero irme de este mundo con las manos vacías. En el nombre de Jesús, amén.

Perla de hoy:

Todo el cielo se regocija por un pecador que se arrepiente. No dejemos hoy al cielo sin gozo.

SEMANA 5

CRISIS DE ESPERANZA

"...porque el que ara debe arar con esperanza, y el que trilla debe trillar con la esperanza de recibir de la cosecha."
– 1 Corintios 9:10b (LBLA)

El Dr. Leonardo Polo, catedrático de Historia de la Filosofía en la universidad de Navarra, España, afirmó: "La crisis actual es una crisis de esperanza." En efecto, hoy en día, más que nunca, han hecho su aparición magos, adivinos, brujos, profetas de desastres a corto plazo; hablan, tuercen la historia, escriben, utilizan los medios de comunicación y van de lugar en lugar, llevando sus elucubraciones, cuentos y fábulas. Las librerías esotéricas hacen sus ganancias con la gran clientela de este tipo de literatura. Y la gente les cree, y los sigue. Porque el ser humano, desde siempre, desde que despertó a la intriga, a la duda y a la desobediencia, ante el enigmático árbol "de la ciencia del bien y del mal" – cuyo conocimiento le estaba prohibido –, ha gustado de explorar y ha puesto su esperanza en los misterios del futuro que su mente finita predice. Ciertamente, algunos futurólogos de gran talento han estado preocupados por el porvenir de la raza humana, pero otros, van a los horóscopos y a los adivinos para intentar superar la crisis de esperanza que los asfixia. Pero, ¿hay alguien que puede profetizar el destino? Bueno, déjeme decirle que, si tal persona existiera, en pocos días, llegaría a gobernar a este mundo.

Los vaticinios para los siguientes años son tan oscuros como lo han sido siempre en el largo camino que la Humanidad ha recorrido. El ser humano, en su afán por explorar los misterios del futuro, por penetrar lo desconocido y saber cómo será el mañana, ha cometido muchísimos errores, y para decirlo coloquialmente: ¡No ha acertado ni con una! Se repiten los tópicos: el fin del mundo en mayo del 2011 -dijeron algunas sectas del cristianismo –. El mundo se terminará el 21 de diciembre, porque desde esa fecha el calendario maya lo predijo, dijeron otros. Con esos mismos vaticinios han fallado los famosos Testigos de Jehová varias veces, y también algunos otros de la teología del miedo.

Pues bien, toda esta angustia cósmica a que estamos sometidos, el levantamiento de los pueblos en el norte de África, la represión de los dueños del poder contra los manifestantes, la reacción de la comunidad internacional ante estos hechos; el peligro nuclear en Japón; la pandemia de COVID-19; la debacle financiera de las principales economías; el incremento de gobiernos corruptos que frenan la libertad y prosperidad de las naciones que gobiernan; los millones que mueren de hambre; la inseguridad social: uno sabe que sale pero no sabe si regresa vivo a casa, porque los delincuentes están al asecho; crisis de valores; desmoronamiento de los matrimonios y las familias y otras instituciones tradicionales. Como lo hemos afirmado, todas estas situaciones producen en nosotros una crisis de esperanza.

Existe, por decirlo de alguna manera, un debilitamiento y vacilación en las convicciones, y no se ve a corto plazo una renovación de los valores que nos han sostenido por siglos. La situación personal, nacional o planetaria nos agobia. No se trata de que peligre nuestra vida, sino la vida en sí misma. Esto nos lleva a una sensación de vacío, de cansancio; estamos simplemente agotados antes de hacer nada. En lugar de vivir, sobrevivimos. Sin duda, tenemos una crisis de esperanza.

Afortunadamente, el Hacedor del ser humano tiene un plan para nosotros, comenzó en la eternidad pasada, existe en el presente, y se proyecta a un fabuloso futuro. Dios nos creó para Él, y como decía San Agustín: "Oh Dios, nos has hecho para ti, y nuestro corazón estará inquieto hasta que no descanse en ti..."

Así como los árboles lucen secos, como esqueletos emblanquecidos en el duro invierno, reverdecen ante la inminencia de la primavera. El Dios invisible, pero presente, es según el apóstol Pablo, "la esperanza de gloria..." Dios nos ha preparado para salir airosos a pesar de los sufrimientos, las circunstancias adversas y de nuestras lágrimas. Si la angustia es la realidad de un mundo injusto y sin remedio, la esperanza de Dios es la salvación posible en cualquier instante; la salvación es el regalo que Dios nos hace; así podemos realizar el verdadero propósito de vivir en este mundo y mas allá de esta vida humana; sí efectivamente, esta es una invitación a nacer de nuevo, para poseer una fuente inagotable, y entre otras bendiciones, la esperanza: "y la esperanza no desilusiona, porque el amor de Dios ha sido derramado en nuestros corazones por medio del Espíritu Santo que nos fue dado" (Rom. 5:5). De esta manera, la esperanza en el cristiano no entra en crisis por las circunstancias inmediatas, sino que está siempre presente y se agiganta por encima de ellas, porque se fundamenta en la fe inconmovible de un Dios inmutable, siempre dispuesto a cumplir su promesa, y con la certeza del sembrador que espera a su tiempo una buena cosecha: "porque el que ara debe arar con esperanza, y el que trilla debe trillar con la esperanza de recibir de la cosecha" (1 Cor. 9:10b).

Oración:

Amado Padre Celestial:

Así como el sembrador planta la semilla esperanzado en su multiplicación al final de la cosecha, igualmente, ayúdame a descansar en ti y haz que mi esperanza sea viva y creciente. En el nombre de Jesús, amén.

Perla de hoy:

La verdadera esperanza es confiar que lo que Dios me promete en Su Palabra, lo cumplirá.

SEMANA 6

LA SUPREMACÍA DE LA MISERICORDIA

"Mas id, y aprended lo que significa: 'MISERICORDIA QUIERO Y NO SACRIFICIO'; porque no he venido a llamar a justos, sino a pecadores"
– Mateo 9:13 (LBLA)

El diccionario define la palabra misericordia de la siguiente manera: "Inclinación a compadecerse y mostrarse comprensivo ante las miserias y sufrimientos ajenos." La religión sin misericordia es una maldición. Esto lo hemos visto a través de la historia de la humanidad, y todavía lo observamos hoy. Cada día los medios nos dicen lo que los fanáticos religiosos están haciendo en alguna parte del mundo en nombre de sus dioses. Estos fanáticos no tienen, ni se muestran compasivos ante las miserias y sufrimientos ajenos, el objetivo de ellos es destruir y matar a los que no creen en lo que ellos proclaman. En cierta forma, se parecen a los fariseos del tiempo de Jesús: conocían de memoria las Sagradas Escrituras, pero desconocían su verdadero significado, aunque eran líderes religiosos, tanto ellos como las multitudes andaban "como ovejas sin pastor." El desagrado de los fariseos crecía cuando veían a Jesús, que, lleno de misericordia, se acercaba a los pecadores, y por eso dijeron: "¿Por qué come vuestro Maestro con los publicanos y pecadores?" Pero fue precisamente la extrema necesidad espiritual de los pobres y miserables pecadores lo que trajo a Jesús de la pureza de los cielos a la impureza de la tierra. Para Dios, el pecado es la enfermedad del alma que deforma, corrompe, debilita, ciega, desgasta, pierde y mata, ¡pero gracias a Dios que envío a Jesús para salvarnos y sanarnos del pecado! En efecto, Jesús es el Médico Divino. En realidad, todos estamos enfermos y lo necesitamos a Él.

Pues bien, para los cristianos nacidos de nuevo, Jesús es la Misericordia de Dios morando en nuestros corazones. Por eso, se nos ordena que seamos misericordiosos como Él es. Nosotros amamos lo que Jesús amó y por eso, debemos amar a los pecadores y buscarlos para llevarles el mensaje, estén donde estén. Ciertamente, la persona misericordiosa siente compasión hacia los pobres y heridos; es solidaria con ellos, se identifica con sus sentimientos. Gracias al Señor por la existencia de organizaciones cristianas que hoy en día unen sus esfuerzos para aliviar las necesidades espirituales y materiales de los habitantes de un mundo en crisis, éstas nos revelan que los seguidores de Jesús no se quedan en el nivel de sentimientos nada más, sino que, también, extienden las manos en su nombre, por la supremacía de la Misericordia morando en ellos.

Oración:

Dios de Misericordia y Padre Nuestro. Te alabo porque tu amor no conoce medidas y llega a un fervor que sobrepasa a todo límite. Tu Misericordia no experimenta cansancio ni siente hastío. Tu omnipotencia nos revela que deseas hacer mucho más de lo que ya has hecho a nuestro fa-vor. Tu Misericordia siempre vela y, aún cuando no lo entendemos, nunca duermes, ni la fatiga te abruma. Tu Misericordia luce nueva cada maña-na y yo la estreno cada día en mi ser para der-ramarla a favor de otros. Ayúdame en este día a mostrar tu misericordia en todo lo que piense, lo que diga y lo que haga. En el nombre de Jesús, amén.

Perla de hoy:

Dios tiene una sola respuesta al problema del ser humano: Jesús.

SEMANA 7

CRISIS DE FE

*"Y sin fe es imposible agradar a Dios; porque es
necesario que el que se acerca a Dios crea que Él
existe, y que es remunerador de los que le buscan."*
– Hebreos 11:6 (LBLA)

Mi amado hermano y amigo, el doctor Henry
Blackaby, en su clásico libro *Mi experiencia con
Dios*, dice:

> El término crisis se deriva de una palabra que
> significa "decisión". El mismo término griego a
> veces se traduce como juicio... La crisis de fe es
> un momento de definición, un lugar en donde el
> camino se bifurca y le exige tomar una decisión.
> Allí debe decidir qué es lo que cree acerca de
> Dios.

De hecho, la invitación de Dios para unirnos
a Él en su obra, generalmente requiere de que

le creamos y nos lancemos en su compañía, a obedecerle, o, sino, dejar que Él llame a otro: "...retén firme lo que tienes, para que nadie tome tu corona" (Apoc. 3:11b).

En efecto, la vida cristiana es como un maratón de 42 kilómetros, y existen coronas y galardones al cruzar la meta. No se trata de la salvación porque ésta es un regalo de Dios y no un premio:

> Porque por gracia habéis sido salvados por medio de la fe, y esto no de vosotros, *sino que es* don de Dios; no por obras, para que nadie se gloríe (Efes. 2:8-9, LBLA).

Así que, no espere premios en esta vida, justamente, ese es el desafío del servicio a Dios, agradarlo a Él o agradar a los seres humanos: "Y todo lo que hagáis, hacedlo de corazón, como para el Señor y no para los hombres" (Col. 3:23, LBLA). Esto lo comprendemos mejor al ir a la galería de héroes de Dios en el capítulo once de la epístola a los Hebreos:

Otros experimentaron vituperios y azotes, y hasta cadenas y prisiones. Fueron apedreados, aserrados, tentados, muertos a espada; anduvieron de aquí para allá *cubiertos con* pieles de ovejas *y* de cabras; destituidos, afligidos, maltratados (Heb. 11:36-37, LBLA).

La crisis de fe de la cual estamos hablando, es la de creerle a Dios o no cuando sentimos su llamado a realizar su obra, y la salida de nuestra comodidad para ir a la zona de riesgo adonde Él nos envía. Pudiera ser que a los demás les resulte una locura lo que usted esté haciendo o piense hacer para la gloria de Dios, pero cuando un discípulo del Señor sabe que es Él quien lo llama, entonces, Dios mismo le da, lo que yo llamo "una santa seguridad", que no es una mera emoción. Moisés es ejemplo de un hombre de fe: "Por la fe Moisés, cuando era ya grande, rehusó ser llamado hijo de la hija de Faraón" (Heb. 11:24, LBLA), sí, Moisés fue llamado por Dios a hacer algo más allá de lo que humanamente él podía realizar, y ¿cómo pudo hacerlo?, "porque se mantuvo firme como viendo al Invisible" (Heb. 11:27).

Pues bien, perdónenme que les cuente cómo un Dios extraordinario y todopoderoso, hizo algo hermoso con un hombre ordinario y fruto del propio pueblo venezolano. Nuestra obra evangélica bautista estaba cumpliendo sus 30 años de trabajo en Venezuela, éramos apenas unas 47 iglesias, y unos tres mil miembros en todas ellas. La Convención nombró a un hombre, recién egresado del Seminario para encargarlo del departamento de evangelización. Aquel hombre era el pastor de una congregación que lo amaba mucho, en la ciudad jardín de Venezuela, Maracay; casado, con tres hijos y uno que estaba por nacer. Aquel hombre tuvo la "santa seguridad" de que Dios lo llamaba a dejar su comodidad y a que fuera a la zona de riesgo a trabajar a tiempo completo en la obra de la evangelización del país; esto le produjo una crisis de fe. La obra nacional no tenía fondos para garantizarle un sueldo, pero aquel hombre y su valiente esposa dejaron todo y siguieron al Señor. Algunos les creyeron, otros no. Ciertamente pasaron días de muchas pruebas y tribulaciones, necesarias en todo caso, para buscar al que los había llamado. A los pocos meses, inesperadamente, Dios les proveyó sustento y abrigo.

Pues bien, hoy cuando esta obra venezolana está cumpliendo sus casi 60 años, ¡treinta años después!, no tenemos allí 94 iglesias que hubiera sido el resultado natural del crecimiento, para la gloria de Dios, nuestra obra evangélica bautista venezolana está formada por más de 500 iglesias y unas 300 congregaciones, lo que nos permitirá alcanzar la meta que nos hemos propuesto de 1000 iglesias para el año 2020. ¡Dios ha usado a hombres y mujeres ordinarios para una gran obra! Porque esta es la verdad principal en el reino de Dios: "Y sin fe es imposible agradar a Dios, porque es necesario que el que se acerca a Dios crea que él existe y que es remunerador de los que le buscan" (Heb. 11:6, LBLA).

Oración:

Amado Padre Celestial:

Por habernos llamado para salvación cuando estábamos muertos en nuestros delitos y pecados; habernos llamado a tu obra, y desde allí, seguirnos llamando continuamente y produciendo en nosotros crisis de fe y probando nuestra fe en ti, te doy las gracias. En el nombre de Jesús, amén.

Perla de hoy:

La fe que produce crisis es la que nos llevará al triunfo en el reino de Dios.

SEMANA 8

LA PRIMAVERA DE LA VIDA

"No permitas que nadie menosprecie tu juventud;
antes, sé ejemplo de los creyentes en palabra,
conducta, amor, fe y pureza."
– 1 Timoteo 4:12 (LBLA)

Antonio Machado escribió:

Sin placer y sin fortuna,
Pasó como una quimera
Mi juventud, la primera...
La de adentro es la de afuera.

También, el nicaragüense Rubén Darío le
cantó a la juventud:

Juventud divino tesoro,
Ya te vas para no volver,
Cuando quiero llorar no lloro,
Y a veces, lloro sin querer...

Pongo mi admiración, junto a estos reconocidos poetas, por la edad juvenil, porque recuerdo mi juventud y aquel sentimiento que me envolvía de emprender grandes cosas para mi amado Jesús, a quien conocí al borde de mis dieciocho años. Me invertí en Él con todas las fuerzas y con mis sueños revestidos con el traje de la esperanza que me dio el sagrado Libro, la Biblia. Las sacudidas de las circunstancias como tormentas vinieron sobre mí, pero las manos del Eterno me sostuvieron y no me dejaron desfallecer. Aproveché la primavera y el verdor de mis primeros años y esto dio como resultado el brote de lo que había en mí; tuve flores que esparcieron su polen para bendecir a otros. Hoy, en el otoño de mi vida, puedo disfrutar de lo que guardé en mi granero en los años de mi juventud; porque la juventud es la primavera de la vida.

Mi amado joven, estás en esa primavera. Frente a ti están todos los desafíos para vivir o para morir. Sé que en tu ser palpita una energía sin límites, y tu mente, tu corazón y tus pies reclaman impacientes ponerse marcha. ¡Que Dios bendiga esa jornada que estás iniciando! Pero antes de que la emprendas, valdría la pena que te detengas un instante, sólo para considerar la ruta que has de seguir, y, luego, podrás partir con la bendición de los que ya nos encontramos al final de ella. Recuerda que tu juventud es la primavera de la vida.

Lo primero que tienes que considerar es que la vida es mucho más que el instante presente. No actúes como aquellos jóvenes cuya vida se centra en satisfacer sus propias necesidades, deseos y apetitos; la preocupación de ellos es comer, descansar, vestirse, y pasarla bien. Toma papel y lápiz y planifica tu vida para los próximos cinco años. Algo tan importante como es el tesoro de tu juventud, no puedes darte el gusto de desperdiciarlo porque sólo una vez en la vida se es joven. Esto me trae a la mente lo que dijo Benjamín Disraeli: "Cuando somos jóvenes creemos que, no sólo nosotros, sino todo lo que nos rodea es inmortal... Casi todas las cosas grandes han sido hechas por la juventud". Tú puedes hacer la diferencia "para que nadie te subestime por ser joven".

La segunda consideración que tienes que hacer como joven es llegar a ser alguien en la vida, y tener el coraje de llegar hasta el final. Acepta sin dudar, la responsabilidad de edificar tu futuro y reconoce tus fracasos y corrígete a ti mismo. Nunca te quejes por la pobreza en que naciste. Somos muchos lo que no nacimos en cuna de oro y hemos vencido. No es codiciando a los que tienen que se triunfa. Aprende a convertir toda senda difícil en un camino para triunfar. Desde que llegué al Señor, una de las primeras cosas que hice fue eliminar las palabras "renuncia", "estoy desanimado", "no aguanto más", "la culpa de mi fracaso, la tiene...", y otras que como esas reflejan una actitud derrotista. Si desde joven te acostumbras a terminar lo que has emprendido, sin mirar atrás y sigues el consejo de Pablo: "Y todo lo que hagáis, hacedlo de corazón, como para el Señor y no para los hombres" (Col. 3:23), serás un cristiano triunfador.

¿Cuál es la bendición de haber sembrado en la primavera lo mejor para Dios? Debes recordar que las grandes conquistas las han hecho personas que desearon algo y lucharon hasta alcanzar su propósito. Todas las personas que han recibido un premio Nobel fueron individuos que durante muchos años lucharon para dar lo mejor a la humanidad y una buena contribución al mundo. ¡No se logra lo máximo de la noche a la mañana! Esto se debe, creo yo, a las siguientes actitudes que los acompañan: (1) Sufren reveses, pero siguen adelante, se caen, pero aprovechan para recoger algo del piso, y vuelven a levantarse; (2) pasan por momentos de desaliento debido a circunstancias internas o externas, pero se reaniman y siguen en la carrera hasta terminar lo que han emprendido. Piensa menos en tus problemas y más en tu trabajo y vivirás triunfante sobre tus circunstancias.

Joven, levántate, mira este nuevo día lleno de luz para ti, levanta tu rostro con la belleza de tu juventud, respira el aire de un nuevo amanecer.

Porque tú eres por sobre todas las cosas parte de la fuerza divina con que Dios sostiene el universo; decídete y triunfarás... Sí, en la primavera de tu vida, siembra en grande y luego en el otoño y el duro invierno, tendrás tiempo para descansar: ¡Feliz primavera!

Oración:

Amado Padre Celestial:

Gracias por haberme permitido servirte desde mi juventud; ayúdame a iluminar a muchos jóvenes con la luz de las enseñanzas de tu Palabra, la Biblia. En el nombre de Jesús. Amén.

Perla de hoy:

La juventud es la edad adecuada para rendirse a Dios e invertirse en Él, porque Jesús te espera al final del camino con una sonrisa de satisfacción.

SEMANA 9

TRIUNFANTES EN CRISTO

"Todo lo puedo en Cristo que me fortalece"
– Filipenses 4:13 (LBLA)

Algunas personas hacen malabarismo hermenéutico para sacar doctrinas de un solo versículo bíblico, ese es el caso de Filipenses 4:13. En efecto, se han escrito muchos libros, realizado conferencias y eventos mundiales centrados en que este versículo dice que, los cristianos basados en la palabra de fe, pueden declarar lo que deseen y el Señor se los dará; pueden buscar la pareja que pidan y ser felices para siempre, como en los cuentos de hadas; pueden comprar la casa deseada y el vehículo de sus sueños; pueden ser sanados de cualquier enfermedad; superar exámenes difíciles y obtener el título que anhelen, y hasta alcanzar la presidencia de su nación... En otras palabras, como en el cuento de Aladino y la lámpara maravillosa, que con solo frotarla se logra lo que se desee.

Volviendo a nuestro pensamiento inicial, ¿es la prosperidad temporal y material lo que nos promete Filipenses 4:13? ¿Es esto lo que dice el apóstol Pablo en todo el contexto de su capítulo 4 de Filipenses? Creo sinceramente que no. Primeramente, veamos las condiciones por las cuales Pablo pasaba al momento de escribir esta carta, que ha sido llamada con justicia, la Epístola del gozo cristiano. El apóstol Pablo está preso en Roma, y si estar preso por motivos de conciencia es hoy toda una calamidad, uno puede calcular lo que significaba ser un preso bajo las órdenes de Nerón. Pablo está esperando, en medio de terribles circunstancias, que se cumpla el veredicto de muerte, lo cual se llevó a efecto poco tiempo después, y el misionero más grande que ha tenido la cristiandad, moriría decapitado. La grandeza del cristianismo no está en que escapemos del sufrimiento y la muerte, sino que los enfrentemos con la fe puesta en el Señor, porque Él nos da la fortaleza, el valor y la perseverancia hasta el final.

Sólo un hombre como lo fue el apóstol ícono de la cristiandad podía escribirles a los amados de Filipos: "Pues para mí, el vivir es Cristo y el morir es ganancia" (Filipenses 1:21, LBLA).

Ciertamente, hoy se predica un evangelio de ofertas sin las demandas que el mismo Jesús hiciera: "Entonces os entregarán a tribulación, y os matarán, y seréis odiados de todas las naciones por causa de mi nombre" (Mat. 24:9, LBLA), sin embargo, ¿cómo podemos ser triunfantes en Cristo en medio de un mundo adverso? Aquí es donde Filipenses 4:13 cobra su verdadero sentido práctico, y es por ello que ha sostenido la fe, la esperanza y el amor a través de los siglos.

En efecto, Pablo nos dice que en Cristo podemos vivir una vida extraordinaria y triunfante, y que gracias a "Cristo que me fortalece", podemos lograr ser firmes en nuestras convicciones: "estad así firmes en el Señor amados"; la unidad y el amor en nuestra iglesia local y en nuestro grupo de crecimiento espiritual, "que sean de un mismo sentir en el Señor"; podemos ser pacificadores en un mundo dividido, "que ayudes a estas que combatieron conmigo en el evangelio"; que podemos experimentar un gozo continuo y desbordante en el Señor a pesar de las circunstancias adversas en nuestra vida terrenal, "regocijaos en el Señor siempre. Otra vez digo: ¡Regocijaos!"; que también podemos mantener la esperanza de la cercanía del Señor, "el Señor está cerca"; podemos aprender a ser felices, "he aprendido a contentarme, cualquiera que sea mi situación"; y por supuesto, para estas cosas tenemos un poder ilimitado: "Todo lo puedo en Cristo que me fortalece"; podemos confiar únicamente en Cristo para que nos sostenga tanto en lo espiritual como en lo material, "mi Dios, pues, suplirá todo lo que os falta conforme a sus riquezas en gloria en Cristo Jesús"; y por último, terminar la carrera cristiana confiando en que la gracia del Señor nos sostendrá para decir, ¡aleluya a pesar de todo!, porque teniendo a Dios lo tenemos todo: "Al Dios y Padre nuestro sea gloria por los siglos de los siglos". Esta es la verdadera prosperidad, que sin duda nos traerá bendiciones de todo tipo también, aún las materiales y de salud porque el Señor dijo: "Pero buscad primero su reino y su justicia, y todas estas cosas os serán añadidas" (Mat. 6:33, LBLA).

¡Por todo esto y mucho más: Estamos triunfantes en Cristo!

Oración:

Amado Padre Celestial:

Te suplico en esta hora que yo no pierda el gozo de mi salvación, y que pueda vivir en ti sabiendo que nada ni nadie me puede separar de este gozo; ayúdame a no ser un esclavo de mis circunstancias y mis emociones; quiero vivir y morir triunfante en ti. En el nombre de Jesús. Amén

Perla de hoy:

Saber que el triunfo en Jesús no depende de mí, sino de Él, me llena de convicción y de consuelo: Todo lo puedo en Cristo, que me fortalece.

SEMANA 10

CONSOLADOS PARA CONSOLAR

"...el cual nos consuela en toda tribulación nuestra, para que nosotros podamos consolar a los que están en cualquier aflicción con el consuelo con que nosotros mismos somos consolados por Dios."
– 2 Corintios 1:4

Anthony de Mello en su libro *¿Quién puede hacer que amanezca?*, nos cuenta lo siguiente:

> Una mujer que se hallaba muy afligida acudió al Maestro en busca de consuelo. Él la escuchó pacientemente mientras ella se desahogaba contando su historia de infortunios. Cuando la mujer acabó de hablar, el Maestro dijo delicadamente: "Yo no puedo eliminar tus lágrimas, querida. Lo único que puedo hacer es enseñarte a santificarlas."

Como personas sensibles y solidarias siempre tratamos de hacer lo correcto en los momentos de crisis de nuestro prójimo, sin embargo, ¿qué podemos hacer cuando una persona está sufriendo terriblemente? –la muerte de un hijo es el mayor de los sufrimientos que pueda padecer una persona. Al intentar consolar a las personas que se encuentran de duelo, aunque nuestras palabras sean bien intencionadas, recurrimos a frases gastadas, como por ejemplo: "Él – o ella – está ahora en un mejor lugar"; "Dios se lo llevó porque lo necesitaba"; y si el que murió era un anciano, solemos decir: "por lo menos vivió una vida completa"; en todo caso, todos los buenos intentos por consolar y de dar una respuesta de por qué la persona murió, caen en el vacío.

Todos los que conocimos a mi siempre recordado hermano en Cristo y amigo, el doctor Luc Eustache, sabemos que había desarrollado un sentido gregario y de amistad muy profundos, muchas veces coincidimos donde alguna persona amiga de ambos estaba pasando por alguna cri-

sis de la vida. Una vez, nos encontramos en un
cementerio para despedir a otro eminente médico que había fallecido, nos acercamos a los dolientes, y dejé que él expresara a los familiares el
pésame, e hice lo que mi hermano de gran experiencia hizo: Abrazaba bien fuerte a cada uno de
los dolientes, y les decía: "Estoy orando al Señor
por ustedes; él nos consuela en todas las tribulaciones". Como ya lo he dicho, el Dr. Eustache
había llegado a la conclusión de ser amigo siempre, y más, en todas las ocasiones importantes.
Así me lo encontraba también en bodas, en re-
uniones de graduación, en cumpleaños, en el
hospital, y como ya lo dije en cementerios. Por
cierto, esa manera de ver la vida se las transmitió
a sus hijos y nietos, así que cuando falleció mi
madre, Michell, su hijo mayor, estuvo a mi lado;
cuando falleció mi suegro, entre las personas
que recuerdo en el cementerio, estaba el nieto
del Dr. Eustache, el joven Michel Eugenio, él se
me acercó, me abrazó y me dijo: "Pastor, estoy
representando a mi familia y especialmente a mi

abuelo"... ¡Verdaderamente fui consolado!

Oración:

Señor Todopoderoso:

Gracias por dar tu consuelo al corazón afligido. He pasado varias veces por tribulaciones, pero he sentido tu cercanía de manera muy real. Puedo decir que, gracias a Ti, la presencia y el afecto de mis seres queridos y de los amigos, mediante los gestos de amor y cuidado vinieron a compartir mi pena y angustia. Tú me has consolado por Tu Palabra: "Porque tendrás al SEÑOR por luz eterna, y se habrán acabado los días de tu luto" (Isaías 60:20b, LBLA). Igualmente, me has consolado por las oraciones de mis amados hermanos; así estoy listo para consolar también a otros. ¡Alabado sea Tu nombre por todo ello! En el nombre de Jesús. Amén.

Perla de hoy:

Nunca se nos debe olvidar que el ocaso de un país es el amanecer en otro.

SEMANA 11

Y DIOS HIZO A LA MUJER

"Y de la costilla que el SEÑOR Dios había toma-
do del hombre, formó una mujer
y la trajo al hombre."
–Génesis 2:22 (LBLA)

Creo que fue San Agustín quien dijo: Dios creo a la mujer de la costilla del hombre, no la hizo de la cabeza, para que no estuviera por encima de él, no la hizo de los pies, para que no fuera pisoteada por él, la hizo del costado para que él la protegiera y de cerca del corazón para que la amara. La hizo de un lado para que caminaran juntos complementándose el uno al otro. ¡Este es el sentir del Cristianismo sobre la mujer! Porque fue Jesús quien la involucró dentro de las actividades de la iglesia desde su fundación. La religión de la época del Señor consideraba a la mujer muy inferior al hombre. En lo civil tanto para los romanos como para los griegos, la mujer era una cosa, era propiedad del esposo sobre la cual el hombre ejercía derechos totales. Sin embargo, Jesús rompió definitivamente con ese estatus de la mujer en aquellos días.

En efecto, aunque todos los apóstoles eran hombres, en la historia temprana de la iglesia, la mujer juega un papel tan importante que el apóstol Pablo dice: "No hay judío ni griego; no hay esclavo ni libre; no hay hombre ni mujer; porque todos sois uno en Cristo Jesús" (Gálatas 3:28 LBLA). ¡Jesús derribó para siempre las barreras sociales en el ámbito de la iglesia local! Sin embargo, para evitar el caos social y psicológico es necesario que en el hogar cristiano el hombre siga siendo la cabeza de la familia, eso sí, como dijo el apóstol Pedro: "*Y* vosotros, maridos, igualmente, convivid de manera comprensiva *con vuestras mujeres*, como con un vaso más frágil, puesto que es mujer, dándole honor como a coheredera de la gracia de la vida, para que vuestras oraciones no sean estorbadas" (1 Pedro 3:7 LBLA). Esto debe estar claro en un hombre cristiano nacido de nuevo, hombre, no eres un sargento y tu familia soldados para demandar obediencia absoluta; tampoco debes eludir tus responsabilidades para con tu esposa e hijos; una mujer es completamente feliz al lado de un hombre que la ama, valora, respeta y cuida, como lo que es, una joya preciosa de mucho valor.

Aunque la iglesia ha tratado mucho mejor a la mujer que el mundo secular a través de la historia, hoy me regocijo al ver el papel de liderazgo a nivel mundial de las mujeres en la vida secular. Las encontramos en todas partes a donde vamos, y en los ámbitos en que se desenvuelven no sólo adornan el lugar, sino que son exitosas. ¿Por qué está ocurriendo esto? Algo me dice que nuestro Creador, al designar desde el principio al hombre y la mujer juntos, como representantes y embajadores de Dios para cuidar de su creación, nos vuelve a decir: "Y los bendijo Dios y les dijo: Sed fecundos y multiplicaos, y llenad la tierra y sojuzgadla; ejerced dominio sobre los peces del mar, sobre las aves del cielo y sobre todo ser viviente que se mueve sobre la tierra" (Génesis 1:28 LBLA).

La mujer es un ser humano especial creado para ser complemento del hombre, y desde allí, ser uno. Siempre listos para cambiar, influenciar e impactar, en pos de la paz y la justicia en esta tierra. Por eso, cuando Dios vio al hombre solo en medio de aquel jardín hermoso, dijo, le voy a poner el adorno final para que él esté feliz y completo... y Dios hizo a la mujer.

Oración:

Señor Todopoderoso:

Gracias por crear a la mujer y ponerla a nuestro lado. No iremos muy lejos sin ella. Verdaderamente es la reina del hogar y uno de los pilares de nuestra sociedad. En esta hora en que el mundo puede apreciar el liderazgo de la mujer, ayúdame como hombre a valorarla, amarla y respetarla. En el nombre de Jesús. Amén.

Perla de hoy:

Amar a la esposa como Cristo amó a la iglesia es la manera de dar testimonio del amor de Dios en nosotros.

SEMANA 12

DIOS Y PATRIA

"Bienaventurado el pueblo a quien así le sucede;
bienaventurado el pueblo cuyo Dios es el SEÑOR"
–Salmo 144:15 (LBLA)

La Biblia nos dice que Dios es el autor de la raza humana, y de las lenguas, pueblos y gobiernos que en el transcurso de la historia de la humanidad se han formado. El Creador mismo puso en el corazón del ser humano la necesidad de un sentido de Dios, de familia y de patria para poder orientarse en la vida con un propósito.

Cuando leemos en la Palabra de Dios y revisamos la historia del pueblo israelita, nos damos cuenta que el pueblo escogido y dirigido bajo la soberanía del Señor, siempre se ha caracterizado, en primer lugar, por su adoración al único y verdadero Dios, y en segundo lugar, por el celo con que ha amado a su nación, a la familia, a su lengua y sus costumbres, es decir, los elementos con los cuales describimos lo que es patria.

Uno de los héroes del pueblo judío es el rey David, todavía se visita y se ofrecen los respetos debidos a sus restos en Jerusalén. David fue un verdadero patriota. Entre sus muchas cualidades está la de compositor de himnos; en muchos de ellos deja sentir su amor, su visión e intercesión delante de Dios por su patria. Para el rey David, Dios y patria son el binomio de la prosperidad de una nación. Pues bien, unas de las citas en donde se ve claramente el concepto que el rey tenía del binomio Dios-patria, es la siguiente:

> Sean nuestros hijos en su juventud como plantíos florecientes, *y* nuestras hijas como columnas de esquinas labradas como las de un palacio. Estén llenos nuestros graneros, suministrando toda clase de sustento, *y* nuestros rebaños produzcan miles y diez miles en nuestros campos. Esté cargado nuestro ganado, sin fracasos y sin pérdida, y no *haya* gritos en nuestras calles. Bienaventurado el pueblo a quien así le sucede; bi-

enaventurado el pueblo cuyo Dios es el Señor" (Salmo 144:12-15. LBLA).

El pasaje anterior nos dice que Dios nos ha dado un hogar que pasa a ser como un palacio, en donde los hijos son un jardín espiritual y las hijas son doncellas de honor; en un hogar así, temeroso de Dios y de su Palabra, el padre es un rey y la madre una reina.

Igualmente, Dios nos ha dado una patria, con una lengua que entendemos, con una cultura muy particular, lugares y gente. En esa patria nacimos, nos hemos criado y vivimos.

Aunque el cristiano nacido de nuevo tiene una Patria celestial, todavía está en la tierra y por lo tanto tiene una patria terrena. En efecto, el cristiano está en el mundo –en sentido físico-, pero no es del mundo porque este es un sistema antagónico a Dios, por ello Jesús dijo con respecto a nosotros sus discípulos: "No son del mundo, como tampoco yo soy del mundo" (Juan 17:16 LBLA), y el Señor añadió: "No te ruego que los saques del mundo, sino que los guardes del maligno" (Juan 17:5 LBLA). Así podemos decir que según el Señor Jesús, el cristiano nacido de nuevo es ciudadano de dos mundos. Como el salmista, debemos orar, trabajar, velar y soñar con una patria terrenal en donde la seguridad sea para preservar, especialmente a nuestra familia, niñez y juventud. Tenemos que alcanzar a nuestra nación con el mensaje e influencia de nuestro Señor Jesucristo, porque en la medida que pongamos como la base de nuestros valores las enseñanzas de la Biblia, tendremos la patria que Dios quiso que tuviéramos bajo su soberanía y misericordia.

Y como ciudadanos de ambos mundos debemos caminar sobre nuestro suelo patrio con la mirada puesta en la patria celestial, porque poseemos la esperanza, de que pase lo que pase, tenemos a Dios y a la patria.

Oración:

Padre celestial:

Bendito sea tu nombre porque según tu voluntad pusiste un amor especial por la patria en que nací y por la patria que adopté en esta tierra, pero lo mejor de todo es que por gracia y poder me has dado la esperanza definitiva de una patria nueva, en donde moraré contigo para siempre. Ayúdame a ser un instrumento en tus manos para que mi patria te conozca. En el nombre de Jesús. Amén.

Perla de hoy:

Cuando tenemos la seguridad de nuestra patria celestial, nunca nos sentiremos, ciudadanos de segunda clase.

SEMANA 13

¡VOLVAMOS A LA ORACIÓN!

"Vino entonces a los discípulos y los halló
durmiendo, y dijo a Pedro:
¿Conque no pudisteis velar una hora conmigo?"
—Mateo 26:40 (LBLA)

¿No pudieron velar conmigo ni siquiera una hora? Porque la oración es tener compañerismo con Dios, y en esta comunión con el eterno, las posibilidades infinitas del ser humano, se unen al poder infinito de Dios. La historia bíblica nos pone a la primera pareja de seres humanos en una constante comunión con su Creador; luego vino la caída en la desobediencia, y tener comunión con Dios se convirtió en una tarea en vez del gozo que debiéramos poseer al saber que la oración es un privilegio y una responsabilidad de todo hijo de Dios. Sin embargo, Dios ama al ser humano y anhela y busca la amistad con Él.

¿No pudieron velar conmigo ni siquiera una

hora? Jesús fue ejemplo perfecto de amistad con Su Padre celestial: Él oró. Como Hombre perfecto, Él necesitaba estar en constante relación con el cielo porque de allí vino. Oró tanto en la soledad como en la compañía de sus discípulos: "Después de despedir a la multitud, subió al monte a solas para orar; y al anochecer, estaba allí solo" (Mateo 14:23 LBLA). Los discípulos lo vieron orar por las mañanas como lo relata San Marcos "Levantándose muy de mañana, cuando todavía estaba oscuro, salió, y se fue a un lugar solitario, y allí oraba" (Marcos 1:35 LBLA). El Señor se hizo famoso por las señales y milagros que hacía, sin embargo, la fama no lo distrajo de la comunión con Su Padre: "Y su fama se difundía cada vez más, y grandes multitudes se congregaban para oír*le* y ser sanadas de sus enfermedades. Pero *con frecuencia* Él se retiraba a lugares solitarios y oraba" (Lucas 5:15,16 LBLA). Los discípulos de Jesús, viendo el deleite que tenía en su amistad con el Padre, le solicitaron que les enseñara a orar: "Y aconteció que estando Jesús orando en cierto lugar, cuando terminó, le dijo uno de sus discípulos: Señor, enséñanos a orar, así como Juan enseñó también a sus discípulos" (Lucas 11:1 LBLA). Así surgió Su famosa oración del El Padre Nuestro, aquí es claro que aunque debemos saber de memoria esa maravillosa oración, no es tanto para rezarla sino para orarla: "Y al orar, no uséis repeticiones sin sentido, como los gentiles, porque ellos se imaginan que serán oídos por su palabrería" (Mateo 6:7 LBLA). Teniendo esto en mente, El Padre Nuestro que aparece en Mateo 6:9-13, es un modelo de los elementos que deberíamos incluir en la oración, en nuestra conversación con Dios, esto incluye: Dirigirnos a Dios con respeto y reverencia "Padre nuestro que estás en los cielos"; con alabanza por lo que Él es "Santificado sea tu nombre"; orar por la esperanza del establecimiento del dominio absoluto de Dios sobre la tierra "Venga tu reino"; reconocer la soberanía de Dios "Hágase tu voluntad como en el cielo, así también en la tierra"; nuestra petición que

Dios provea para nuestras necesidades "El pan nuestro de cada día, dánoslo hoy"; el reconocer que somos pecadores que necesitamos perdón "Y perdónanos nuestras deudas"; y mostrarnos amplios en perdonar a los que nos han ofendido "como también nosotros perdonamos a nuestros deudores"; pedir la protección de Dios para mantenernos puros delante de Él y nuestro prójimo "Y no nos metas en tentación, más líbranos del mal"; terminar nuestra oración con alabanzas por lo que Él es "Porque tuyo es el reino, y el poder, y la gloria, por todos los siglos. Amén".

¿No pudieron velar conmigo ni siquiera una hora? Este desafío del Señor Jesús, es hoy tan necesario como aquella noche en que Él, fue entregado. Siendo verdadero Dios, Jesús, no tenía necesidad de que oraran por Él, la oración es necesaria y urgente por y para nosotros, los humanos. Los cristianos nacidos de nuevo debemos "velar", es decir, estar pendientes del mover de los tiempos difíciles en que vivimos y nuestra fragilidad delante de ellos. Solamente velar en la oración, un tiempo al día en tal forma que se forme un hábito, nos dará la fortaleza para andar en oración todo el día. Mediante la oración penetramos en la atmósfera del Reino de Dios, y podemos verificar por nosotros mismos los innumerables recursos y los tesoros que Dios tiene a nuestra disposición, como lo dijo el profeta: "Clama a mí, y yo te responderé y te revelaré cosas grandes e inaccesibles, que tú no conoces" (Jeremías 33:3 LBLA).

Oración:

Padre nuestro que estás en los cielos:

Te exaltamos en este día por tu gran misericordia para con nosotros. Eres digno de ser alabado. Tenemos la esperanza en que volverás pronto a establecer tu reino. Anhelamos que tu santa voluntad se haga en la tierra como en el cielo. Venimos delante de ti para exponerte nuestras necesidades de pan, seguridad en nuestro andar y que tu poder nos librará de todo mal. En esta hora confesamos nuestros pecados y los pecados de nuestra nación, perdónanos Señor. También ayúdanos a perdonar a nuestros ofensores. Ya sentimos muy cerca de nosotros que vienes desde el cielo con poder y gloria que son tuyos por todos los siglos. Amén

Perla de hoy:

Esfuérzate en la gracia de Dios para hacer grandes cosas para Él, como si todo dependiera de ti; pero ora intensamente porque todo depende de Él.

SEMANA 14

EL DESAFÍO A LA ORACIÓN

"Y todo lo que pidáis en oración, creyendo,
lo recibiréis."
–Mateo 21:22 (LBLA)

El poder de la oración no radica en las palabras del que ora, sino en el poder de Aquel que escucha. La oración es el desafío que Dios mismo nos hace para que mantengamos con Él, un diálogo íntimo que se traduce en una comunión, una amistad que nos permita al ser humano tener acceso directo a la omnipotencia divina: ""Clama a mí, y yo te responderé y te revelaré cosas grandes e inaccesibles, que tú no conoces" (Jeremías 33:3 LBLA). Charles Spurgeon, el gran predicador inglés del siglo pasado, dio una definición sobre la oración que es una de mis favoritas, él dijo: "La oración es el delgado nervio que mueve el músculo de la omnipotencia." ¡Imagínese usted qué gran privilegio y responsabilidad tenemos al orar y al desafiar a otros a hacerlo! De ese mismo parecer fue E.M.Bounds, escritor estadounidense de libros clásicos sobre la oración cristiana que han hecho impacto en muchas vidas; en uno de ellos afirma: "La oración es el contacto del alma viviente con Dios. En la oración, Dios se inclina para tocar suavemente al hombre, para bendecirlo e incluir todo lo que Él pueda planear o el ser humano pueda necesitar."

El Señor Jesús oró, y desafió a la oración a Sus discípulos. Él dio varias razones por lo cual debemos hacerlo, especialmente cuando nuestra fe es vacilante para enfrentar y vencer la oposición diabólica: "—Esta clase con nada puede salir, sino con oración—respondió Jesús" (Marcos 9:29 LBLA); también pidió que oráramos para estar firmes en la fe, cuando Él regrese: "Mas velad en todo tiempo, orando para que tengáis fuerza para escapar de todas estas cosas que están por suceder, y podáis estar en pie delante del Hijo del Hombre" (Lucas 21:36 LBLA); para que sean suplidas todas nuestras necesidades, de cualquier naturaleza -no los deseos-: "Y todo lo que pidáis en oración, creyendo, lo recibiréis" (Mateo 21:22 LBLA); para que surjan nuevos misioneros y evangelizadores para la gran cosecha de un mundo hambriento de Dios: "Entonces dijo a sus discípulos: La mies es mucha, pero los obreros pocos. Por tanto, rogad al Señor de la mies que envíe obreros a su mies" (Mateo 9:37,38 LBLA); igualmente Jesús, a través de varias ilustraciones o parábolas, resaltó la importancia y necesidad de la oración: las diez vírgenes (Mateo 25); el viajero inoportuno (Lucas 11:5-10); y entre otras, el juez injusto (Lucas 18:1-8).

Ahora bien, si alguien duda de la necesidad y de la eficacia de la oración le basta con recordar que todos los grandes acontecimientos en la Biblia están marcados por períodos previos de oración. Esto era así tanto en el pueblo judío del Antiguo Testamento como en el cristianismo del primer siglo del Nuevo Testamento. La Escritura Sagrada es abundante en ejemplos y en citas al respecto. Recordemos que la oración es, ante todo, un desafío.

Oración:

Padre nuestro que estás en los cielos:

Te exaltamos en este día por tu gran misericordia para con nosotros. Eres digno de ser alabado. Tenemos la esperanza en que volverás pronto a establecer tu reino. Anhelamos que tu santa voluntad se haga en la tierra como en el cielo. Venimos delante de ti para exponerte nuestras necesidades de pan, seguridad en nuestro andar y que tu poder nos librará de todo mal. En esta hora confesamos nuestros pecados y los pecados de nuestra nación, perdónanos Señor. También ayúdanos a perdonar a nuestros ofensores. Ya sentimos muy cerca de nosotros que vienes desde el cielo con poder y gloria que son tuyos por todos los siglos. Amén.

Perla de hoy:

El desafío que continuamente nos hace Dios en Su Palabra a la oración, tanto la personal como la colectiva, nos indica que no es opcional y donde haya falta de oración, habrá falta de poder.

SEMANA 15

BIBLIA Y ORACIÓN

"Si permanecéis en mí, y mis palabras perman-
ecen en vosotros,
pedid lo que queráis y os será hecho."
–Juan 15:7(LBLA)

La hermana Lola de Dámaso, mi difunta suegra, no la agarraba un amanecer sin estar con su
Biblia y en oración, ambas, como compañeras
de viaje para el día. Tengo su vieja Biblia delante de mí, y está subrayada desde el Génesis hasta el Apocalipsis. La leyó completa varias veces
en su vida; tenía la costumbre de marcarla por
la sencilla razón de que para ella, la Biblia era su
libro de oración. Conocí a mi suegra por más de
cuarenta años, y su servicio favorito era el culto
de oración. ¡Imposible decir lo que Dios hizo en
muchos de nosotros por sus oraciones!

Igualmente, otro hombre de oración que
conocí fue el hermano Jesús Bolívar; se con-

virtió al Señor en mi último año de pastorado en la Iglesia Bautista El Buen Pastor de Maracay en Venezuela. Era un hombre sencillo y estaba al comienzo de su sexta década de vida, y como yo salía a la evangelización de la patria, se me acercó, y me dijo: "Pastor, quiero acompañarlo en su ministerio con mi Biblia y con mis oraciones", y así fue. Juntos viajamos y oramos por aquellos lugares en donde no había obra cristiana; hoy cuando escucho que en esos lugares existen iglesias, sé que el Padre respondió a su clamor. El hermano Bolívar se levantaba muy temprano, leía un pasaje de la Escritura a viva voz, y luego se arrodillaba hasta el amanecer. Nunca nos acostábamos sin que él me dijera: "Hermano, busquemos la sabiduría espiritual para mañana", y yo sabía lo que eso significaba, leer la Biblia y orar. Como resultado de su vida de oración, palpé muy de cerca lo que Dios es capaz de hacer con un hombre sin preparación académica de ningún tipo, y que nunca pisó la puerta de un Seminario Teológico, a no ser que fuera para acompañarme cuando yo impartía clases.

La oración es un acto de la voluntad que no requiere de ningún título, pero el hermano Bolívar pisaba el terreno del Lugar Santísimo por la Palabra y la oración, como lo dice la Biblia: "Entonces, hermanos, puesto que tenemos confianza para entrar al Lugar Santísimo por la sangre de Jesús, por un camino nuevo y vivo que Él inauguró para nosotros por medio del velo, es decir, su carne, y puesto que *tenemos* un gran sacerdote sobre la casa de Dios, acerquémonos con corazón sincero, en plena certidumbre de fe, teniendo nuestro corazón purificado de mala conciencia y nuestro cuerpo lavado con agua pura" (Hebreos 10:19-22. LBLA). ¡Solamente en el cielo sabremos todo lo que Dios hizo por las oraciones del recordado hermano Jesús Bolívar, el hombre de la Biblia y la oración!

Biblia y oración van juntas, como el cerebro y el corazón, como el espíritu, el alma y el cuerpo. Es imposible separarlos. En efecto, la Palabra de Dios es la plataforma de lanzamiento, y la oración su compañera inseparable para una adoración eficaz: "Que la palabra de Cristo habite en abundancia en vosotros, con toda sabiduría enseñándoos y amonestándoos unos a otros con salmos, himnos y canciones espirituales, cantando a Dios con acción de gracias en vuestros corazones" (Colosenses 3:16 LBLA).

Oración:

¡Gracias Padre Celestial por dejarnos la revelación de tu Persona en tu bendita Palabra! Como dijo tu siervo David, tu Palabra es como la miel para mi boca. Me gozo más en ella que en las muchas riquezas, y bienaventurados los que guardan sus testimonios y con el corazón te buscan. En el nombre de Jesús. Amén.

Perla de hoy:

Dios nos dejó su Libro y la oración, pero depende de nosotros,
que Él haga su obra por medio nuestro.

SEMANA 16

LA ORACIÓN COMO PRIORIDAD

"Como el ciervo anhela las corrientes de agua, así suspira por ti, oh Dios, el alma mía."
–Salmo 42:1 (LBLA)

La vida moderna deja poco tiempo para la oración, no la propicia, y hasta los mismos cristianos nacidos de nuevo estamos cayendo en esa trampa. Nos enfrentamos a problemas diarios que reclaman prioridad, períodos de crisis, situaciones de angustia ante el incremento de "toda especie de mal". La maquinaria social nos asfixia porque queremos quedar bien con todos. El sonido de todos nuestros aparatos, celulares, computadoras y otros artefactos que nos mantienen comunicados con el mundo, al mismo tiempo nos alejan de los que amamos, teniéndolos cerca. Nos alimentamos de rutina y agobio: Trabajo, comida rápida, trabajo, cena, televisión,

cama, trabajo, cansancio, preocupaciones, nervi-
os, ansiedad, perturbaciones, insatisfacción, con-
gojas. En medio de este conglomerado, ¿dónde
cabe la oración? No hay espacio; el espíritu y el
alma están vacíos, tienen sed de Dios, como lo
dijera el poeta Amado Nervo:

> Inútil la fiebre
> que aviva tu paso,
> no hay agua que pueda
> calmar tu ansiedad
> por mucho que bebas.
> El alma es un vaso
> que sólo se llena
> con eternidad.

Sin embargo, la oración debe recuperar en
nosotros su espacio perdido. Debemos hacerla prioridad en la vida personal, en la familiar
y en la eclesial. La oración debe dejar de ser la
cenicienta en nuestras vidas, para pasar a ser
reina. La oración es un diálogo con Dios, y no
un monólogo. Él nos habla por su Palabra y no-

sotros por la oración. La oración es el elemento de comunicación que el Señor estableció para tener comunión con Él. La oración es el vehículo de comunión para amar a Dios por lo que Él es, y no sólo por lo que Él nos puede dar. Ahora bien, la oración que prevalece no es fácil porque Pablo, dijo: "Porque nuestra lucha no es contra sangre y carne, sino contra principados, contra potestades, contra los poderes de este mundo de tinieblas, contra las *huestes* espirituales de maldad en las *regiones* celestiales" (Efesios 6:12; LBLA). ¡Tenemos que hacer un tiempo para la oración porque la batalla es espiritual! Como en toda guerra, el ejército quiere cortar todos los caminos para que los recursos no lleguen a su enemigo. Podemos estar seguros de que el recurso más grande, después de la Palabra de Dios, es la oración. ¡No dejemos que el enemigo nos distraiga!

Pues bien, leemos en las biografías de los hombres y mujeres que han hecho historia en el avance del Evangelio, que pasaban horas en oración, clamando, tanto por ellos como por sus generaciones.

En esta hora me viene a la mente esa extraordinaria mujer, Susana Wesley que, aun teniendo diecinueve hijos e hijas, hallaba por lo menos una hora para buscar al Señor. Todos sus hijos sabían que no podían molestarla al entrar a la cocina y ver a mamá de rodillas, tapada la cara con el delantal. ¿Cuál fue el resultado? Ella fue la madre de dos hombres que cambiaron la historia del cristianismo: Juan y Carlos Wesley. El primero, padre del gran avivamiento espiritual que evitó que en Inglaterra hubiera un derramamiento de sangre como sí lo hubo en Francia. Ese avivamiento impactó a Europa y cruzó el océano y llegó hasta nosotros en todo el continente americano. Carlos Wesley fue un compositor de himnos que se han cantado y se seguirán cantando en las iglesias cristianas. El mismo Juan Wesley dijo de su madre: "Aprendí más de mi madre que de todos los teólogos de Inglaterra". ¡Alabado sea el Señor¡ No se trata de hallar tiempo para la oración, sino de hacerlo. Hagamos de la oración la prioridad.

Oración:

Padre eterno: Alabo tu bendito Nombre porque nos has dejado la oración para comunicarnos contigo como nuestro Padre. Te confieso en esta hora que necesito pasar más tiempo en tu compañía; ayúdame a hacer de la oración el centro de mi caminar diario, y que como el ciervo, yo tenga sed de ti. En el nombre de Jesús. Amén

Perla de hoy:

Todas las actividades en la iglesia son buenas y necesarias pero las oraciones son indispensables para ver la gracia de Dios en acción.

SEMANA 17

¿ES IMPORTANTE ORAR?

"¡Oh tú, que escuchas la oración!
Hasta ti viene todo hombre."
–Salmo 65:2 (LBLA)

En definición de Víctor Hugo, "orar es poner el infinito terrenal con el infinito celestial." Por su parte, el teólogo puertorriqueño Domingo Marrero Navarro, decía que, "el hombre es un ser finito con aspiraciones infinitas." Si esto es así, como dice el salmista, y porque tenemos un Dios misericordioso que se ha revelado y quiere tener compañerismo con nosotros, tenemos que acudir a Él. No podemos ir muy lejos en nuestras "aspiraciones infinitas" sin buscar el Infinito celestial. "Todos nosotros tenemos que acudir a ti". La oración es importante para todo aquel que tiene fe y le cree a Dios. Pero debemos orar sin intentar coaccionar a Dios, tampoco con pretensiones de manejarlo para que complazca nuestros deseos, como ocurre en la leyenda árabe de la "Lámpara de Aladino". Debemos ir a Dios sin imponerle nuestra voluntad, sin ordenar, o como se utiliza en algunas congregaciones hoy, "declarando" lo que Él ha de hacer al presentarle nuestras peticiones, porque como lo enseñó Jesús: "...vuestro Padre sabe lo que necesitáis antes que vosotros le pidáis" (Mateo 6:8b LBLA).

¿Es importante orar? Sí, el Señor Jesús modeló para nosotros una vida de oración y comunión con el Padre, y como dice la Biblia: "Cristo, en los días de su carne, habiendo ofrecido oraciones y súplicas con gran clamor y lágrimas al que podía librarle de la muerte, fue oído a causa de su temor reverente; y aunque era Hijo, aprendió obediencia por lo que padeció; y habiendo sido hecho perfecto, vino a ser fuente de eterna salvación para todos los que le obedecen" (Hebreos 5:7-9 LBLA). Posiblemente, uno de esos momentos del clamor de Jesús ocurrió la noche en que entregado por Judas en el Getsemaní, cuando oró con gran agonía delante de

Dios: "Padre, si es tu voluntad, aparta de mí esta copa; pero no se haga mi voluntad, sino la tuya" (Lucas 22:42 LBLA). Una oración hecha con la humildad del penitente humano, espera que se haga la voluntad de Dios y no la nuestra.

¿Es importante orar? Sí, y es tan relevante que los mismos discípulos le pidieron al Señor que los enseñara a orar, y desde allí, la oración no se ha detenido, ni se detendrá en toda la historia de la fe cristiana, sino hasta que lleguemos al cielo. Por ello, los discípulos de Jesús oraron por diversos motivos: Esperando la entrada triunfal del Espíritu Santo como el Señor había prometido: "Todos estos estaban unánimes, entregados de continuo a la oración junto con las mujeres, y *con* María la madre de Jesús, y con los hermanos de Él" (Hechos 1:14 LBLA); oraban con perseverancia y unidad: "Y se dedicaban continuamente a las enseñanzas de los apóstoles, a la comunión, al partimiento del pan y a la oración" (Hechos 2:42 LBLA); oraban por los enfermos y cualquier otra circunstancia: "¿Sufre alguno entre vosotros? Que haga oración. ¿Está alguno alegre? Que cante alabanzas" (Santiago 5:13 LBLA); oraban por fortaleza espiritual para enfrentar los peligros al anunciar el mensaje de salvación: "Así pues, Pedro era custodiado en la cárcel, pero la iglesia hacía oración ferviente a Dios por él" (Hechos 12:5 LBLA); oraban por sus perseguidores a fin de que fueran salvos: "Y mientras apedreaban a Esteban, él invocaba *al Señor* y decía: Señor Jesús, recibe mi espíritu. Y cayendo de rodillas, clamó en alta voz: Señor, no les tomes en cuenta este pecado. Habiendo dicho esto, durmió" (Hechos 7:59,60 LBLA); de tal modo oraban por sus perseguidores que ellos se convertían: "Pero Ananías respondió: Señor, he oído de muchos acerca de este hombre, cuánto mal ha hecho a tus santos en Jerusalén, y aquí tiene autoridad de los principales sacerdotes para prender a todos los que invocan tu nombre. Pero el Señor le dijo: Ve, porque él me es un instrumento escogido, para llevar mi nombre en presencia de los gentiles, de los reyes y de los hijos de Israel; porque yo le mostraré cuánto debe pa-

decer por mi nombre" (Hechos 9:13-16 LBLA).
¡Pablo, el hombre más grande del campo misionero después de Jesús, fue fruto de la oración del primer mártir del cristianismo: Esteban!

¿Es importante orar? Como dijo, E.M. Bounds, "ni erudición, ni pureza de expresión, ni profundidad mental, ni las flores de la elocuencia, ni la simpatía personal, pueden sustituir la falta de fuego del Espíritu. La oración asciende mediante este fuego. Su llama le da alas, energía y aceptación. No hay incienso sin fuego, ni oración sin llama".

Oración:

Amado Padre celestial, que la oración sea el centro de mi renovación espiritual, cualquier otra cosa que haga aquí puede afectar a mi generación pero cuando oro a ti, estoy poniendo alas a mis oraciones para elevarme a la eternidad contigo. Ayúdame por encima de todo a vivir y a morir para ti continuamente. En el nombre de Jesús. Amén.

Perla de hoy:

La oración es importante porque nos cambia primeramente a nosotros, y desde allí, a la sociedad y a la nación.

SEMANA 18

CAMINO A LA CRUZ

"...puestos los ojos en Jesús, el autor y consumador de la fe, quien por el gozo puesto delante de Él soportó la cruz, menospreciando la vergüenza, y se ha sentado a la diestra del trono de Dios."
–Hebreos 12:2 (LBLA)

La visión de Jesús en su última semana y la de su crucifixión es un pensamiento de solemne grandeza en los corazones de todos los cristianos. Nada es comparable a la cruz de Jesús, en la cual: "La misericordia y la verdad se han encontrado, la justicia y la paz se han besado" (Salmo 85:10 LBLA). Allí se encontraron el bien y el mal. La cruz es un punto de decisión para nosotros que contemplamos estos hechos a más de dos mil años. ¿Se ha enfriado mi corazón por el tanto ir y venir de las olas de los tiempos, o todavía mi corazón palpita porque allí Jesús perfeccionó nuestra fe? ¿Nos hace falta caminar hacia la cruz como lo hizo el Señor y anticipar el gozo que nos espera porque Dios está satisfecho con ese sacrificio por mis pecados? ¿Es el gozo de sentirnos libres del pecado que nos lleva a no tener vergüenza al evangelizar y discipular a las naciones? ¿Estoy yo con el mundo que rechazó a Cristo o con Cristo, a quien el mundo rechazó? El gran apóstol Pablo lo expresó así: "Pero jamás acontezca que yo me gloríe, sino en la cruz de nuestro Señor Jesucristo, por el cual el mundo ha sido crucificado para mí y yo para el mundo" (Gálatas 6:14 LBLA).

Como hemos dicho, la cruz es a la vez, la demostración de la justicia de Dios que castiga el pecado, pues, el Señor "no dejará impune *al culpable*" (Nahúm 1:3 LBLA), y de su amor que perdona al pecador: "Pero Dios demuestra su amor para con nosotros, en que siendo aún pecadores, Cristo murió por nosotros" (Romanos 5:8 LBLA). Esto se hace efectivo cuando aceptamos el Regalo de la Vida Eterna que es Jesús mismo; la cruz señala la anulación del juicio que debía alcanzarle, y el principio de una nueva vida ("zoé") que viene del cielo, y que el pecador arrepentido y dolido por sus pecados, recibe para siempre en el momento de aceptar a Jesús como Señor y Salvador. Si miramos con fe a Aquél que murió en la cruz por nuestros pecados, comprenderemos por qué Jesús "soportó la cruz". No sé qué harás tú, pero en cuanto a mí, hace más de cuarenta años me sostiene el hecho de haber grabado en mi mente y corazón la visión de Jesús crucificado. Este ha sido el corazón del mensaje que he predicado desde entonces, "pero nosotros predicamos a Cristo crucificado" (1 Corintios 1:23 LBLA). Cuánta razón tenía el autor español anónimo del siglo XVI, cuando escribió su famoso Soneto al Cristo crucificado:

No me mueve, mi Dios, para quererte
el cielo que me tienes prometido;
ni me mueve el infierno tan temido
para dejar por eso de ofenderte.

Tú me mueves, señor; muéveme el verte
clavado en una cruz y escarnecido;
muéveme ver tu cuerpo tan herido;

muévenme tus afrentas y tu muerte.

Muéveme, en fin, tu amor, y en tal manera
que aunque no hubiera cielo, yo te amara,
y aunque no hubiera infierno, te temiera.

No tienes que me dar porque te quiera,
pues aunque cuanto espero no esperara,
lo mismo que te quiero te quisiera.

Oración:

Padre eterno:

¡Gracias por enviarnos a tu Hijo a morir por nosotros los pecadores! ¡Cristo murió por mí, es y será mi mensaje hasta el día en que me vaya a morar contigo! Ayúdame a amarte y a proclamar este camino hacia la cruz. En el nombre de Jesús, amén.

Perla de hoy:

La muerte de Jesús en la cruz mostró el Amor de Dios que se entrega a sí mismo para llevarnos a Él. ¡Oh qué amor, qué inmenso amor!

SEMANA 19

¿POR QUÉ MURIÓ JESÚS?

"Porque también Cristo murió por los pecados una sola vez, el justo por los injustos, para llevarnos a Dios"
–1 Pedro 3:18 (LBLA)

"Abuelita: ¿Por qué murió Jesús?" Fue la pregunta que nuestra nieta Rebeca, cuando tenía cuatro años, le hizo a mi esposa mientras jugaba con ella. Aún yo escucho claramente la pregunta, y me veo diciendo dentro de mí, "le está haciendo la pregunta a la persona correcta". Mary se ha enfrentado con éxito a esa misma pregunta, y muchas otras que nuestros hijos le hacían cuando eran niños, y además, ella ha sido una eficiente maestra de niños en la Escuela Dominical. Evoco el momento en que escucho - una vez más, en pocos minutos y con palabras muy sencillas, la historia de la redención. A Rebeca le entristece, como a todos nosotros, la crucifixión, pero sus

101

ojitos se alegran, y hasta la escucho decir, "¡aleluya!", en la resurrección. A Rebeca le encanta la
historia, así que no pasa mucho tiempo sin que la
vuelva a decir: "Abuelita, ¿Por qué murió Jesús?",
lo que Rebeca quiere decir es "abuelita, repíteme
otra vez la historia de Jesús".

¿Por qué murió Jesús? Pedro, el apóstol que
anduvo personalmente con Jesús, nos da dos
razones: Primero, todo pecado trae sufrimiento, "padecimiento". Eso lo aprendimos nosotros
desde muy niñitos, mi abuelita, en los días de lo
que llamamos la Semana Santa, preparaba los
"buñuelos" -¡ah, cómo olían!-, los metía al horno,
luego, los sacaba cuando estaban listos y lo ponía
a enfriar en una mesa que yo podía alcanzar sin
hacer mayores esfuerzos. ¡Sí, has acertado, allí estaba yo, apoderándome de uno y corriendo para
disfrutarlo a escondidas!, pero esa noche, tenía
que cenar de pie, porque si me sentaba, sentía
el "padecimiento"... Sí, el pecado trae como resultado sufrimiento y muerte. Esta verdad de
que tendremos que pagar las consecuencias de

nuestras faltas, está en todas las culturas, sea que hayan leído la Biblia o no. Porque el ser humano, en su nivel más bajo de responsabilidad moral se maneja por el premio que recibe por sus buenas acciones, o el castigo que recibe por las malas.

La Palabra de Dios no deja dudas al respecto, cuando nos dice: "El alma que pecare esa morirá". La Biblia también dice: "Porque no hay diferencia por cuantos todos pecaron y están destituidos de la gloria de Dios"; "el SEÑOR miró desde los cielos sobre los hijos de los hombres, para haber si había algún entendido que buscara a Dios"; "todos nosotros nos descarriamos como ovejas, cada cual se apartó por su camino"; ¡el ser humano sin Dios está perdido!, Jesús mismo dijo: "Yo he venido a buscar y a salvar lo que se había perdido". Añade la Biblia, que la salvación no es algo automático, nosotros los pecadores debemos arrepentirnos de nuestros pecados, confesarlos a Dios y apartarnos del mal: "No, antes si no os arrepentís todos pereceréis igualmente". Jesús es la única esperanza de la salvación, por eso, pronunció estas palabras: "Yo soy el camino, y la verdad, y la vida; nadie viene al Padre, sino por mí" (Juan 14:6 LBLA).

Sí, en efecto, la Biblia plantea con toda claridad que el ser humano no puede salvarse por sus propios esfuerzos. Por eso, frente a la tragedia del pecado en el ser humano, "abundó la gracia" divina. ¡Jesús es el Remedio para el pecado en el ser humano! ¡Jesús es el Regalo de Dios para nosotros los pecadores! ¡Jesús es la puerta de la esperanza en medio del valle de la muerte! Pedro nos da la segunda razón en respuesta a la pregunta: ¿Por qué murió Jesús? "El justo por los injustos, para llevarnos a Dios"; igualmente Pablo nos recalca: "Porque la paga del pecado es muerte, pero la dádiva de Dios es vida eterna en Cristo Jesús Señor nuestro" (Romanos 6:23 LBLA). ¿Qué vas a hacer con el Regalo de la salvación? Caben solamente dos acciones, rechazarlo o aceptarlo. ¡No tienes necesidad de mandarte a clavar en una cruz por tus pecados para tu salvación! ¡Jesús estuvo allí por ti y por mí! ¡Ese es el EVANGELIO!

Oración:

SEÑOR, ¡qué terrible paradoja, cuán misteriosa! Verte clavado en esa cruz por mí es algo repulsivo que no miro fácilmente; sin embargo, al saber que moriste allí por mis pecados y los de todo ser humano, veo la hermosura de Tu santidad, porque me habla de un Dios que me ama, un Dios sufriente, mi problema es Tu problema, mi lucha es Tu lucha ¡Gracias por morir por nuestras culpas y darnos el beneficio de Tu salvación! Amén.

Perla de hoy:

En la cruz contemplamos dos verdades, el desenmascaramiento de la maldad del ser humano, y la revelación de la gracia, el amor y la misericordia de Dios. ¡Volvamos a contar esta historia, su historia, porque es la nuestra!

SEMANA 20

LA ESENCIA DEL EVANGELIO

"Pero jamás acontezca que yo me gloríe, sino en la cruz de nuestro Señor Jesucristo, por el cual el mundo ha sido crucificado para mí y yo para el mundo."
–Gálatas 6:14 (LBLA)

Los autores de los Evangelios y las Cartas que forman el Nuevo Testamento comprendieron que la esencia del evangelio era la cruz de Jesús. Sí, la muerte de Jesús es el corazón del Evangelio. Jesús, desde el principio mismo de su ministerio, descansaba su convicción sobre las enseñanzas del SEÑOR: "Y como Moisés levantó la serpiente en el desierto, así es necesario que sea levantado el Hijo del Hombre, para que todo aquel que cree, tenga en Él vida eterna" (Juan 3:14,15 LBLA), sin embargo, los escritores del Nuevo Testamento sabían que una predicación que tuviera como centro la cruz de CRISTO era un escarnio, porque la cruz era el castigo final para un criminal. Igualmente sabían que el predicar sobre un Mesías crucificado era un escándalo para los judíos, y tampoco era muy popular para los sofisticados griegos, tan orgullosos por el saber humano, para éstos, la Cruz era una locura.

¿Qué significó para aquellos hombres y mujeres, la cruz de Jesús? ¿Por qué los cristianos sostuvieron contra viento y marea que la muerte de Jesús era el centro mismo del hilo rojo de la salvación desde el Génesis hasta el Apocalipsis? ¿Por qué Jesús -la vida más preciosa que ha pisado este planeta- escogió deliberadamente el camino de la cruz? Gracias al Padre existen respuestas bíblicas para todas las preguntas que surjan, pero no podemos abordarlas todas hoy; volveremos sobre ello.

No obstante, Pablo nos da dos razones; en primer lugar, el mundo con todos sus intereses pasajeros, "me es crucificado a mí", es decir, el mundo muere para mí, y en su lugar, surge la Vida que viene del cielo. En segundo lugar, "y yo al mundo" Jesús, que vive en mí, es la Vida eterna, y cuando el mundo lo crucificó a Él, me crucificó también a mí.

Por otro lado, el apóstol Pablo, tenía muchas razones para sentirse orgulloso, humanamente hablando, pues había alcanzado todos los honores que el mundo antiguo le pedía ofrecer a un ser humano. Pero cuando Pablo pensó en la esencia del Evangelio, vio que desde todo punto de vista, la muerte de Jesús era un crimen odioso, una injusticia que mostraba, y muestra, toda la maldad que brota del corazón humano cuando pierde la ruta del bien. Pablo recuerda que él como pecador, también estuvo en esa ruta, porque, al perseguir a los cristianos, también persiguió a Jesús. ¿Cómo actúo Jesús frente a tanto odio del ser humano? ¡Jesús respondió con amor! Su muerte es la prueba gigantesca del amor divino: amor del Padre que da a su Hijo; amor de Jesús quien da su vida por nosotros.

¿Qué puede hacer uno frente a un amor así? Aceptarlo. Disfrutarlo. Predicarlo en estos términos: "Con Cristo he sido crucificado, y ya no soy yo el que vive, sino que Cristo vive en mí; y la *vida* que ahora vivo en la carne, la vivo por fe en el Hijo de Dios, el cual me amó y se entregó a sí mismo por mí (Gálatas 2.20 LBLA). ¡Vivir para anunciar las virtudes de un Dios así es verdaderamente vivir!

Oración:

La cruz excelsa al contemplar
Do Cristo allí por mí murió,
Nada se puede comparar
A las riquezas de su amor.

Yo no me quiero, Dios, gloriar
Mas que en la muerte del Señor.

Lo que más pueda ambicionar
Lo doy gozoso por su amor.

Ved en su rostro, manos, pies,
Las marcas vivas del dolor;
Es imposible comprender
Tal sufrimiento y tanto amor.

El mundo entero no será
Dádiva digna de ofrecer.

Amor tan grande, sin igual,
En cambio exige todo el ser. (Isaac Watts)

Perla de hoy:

*La cruz de Jesús es el único punto de encuentro
entre el Dios santo y el ser humano pecador.*

SEMANA 21

GETSEMANÍ

"Padre, si es tu voluntad, aparta de mí esta copa;
pero no se haga mi voluntad, sino la tuya."
–Lucas 22:42 (LBLA)

Llegamos al Monte de los Olivos, y al lado del
Templo de Todas las Naciones, con sus doce
cúpulas representando las doce tribus, está ubi-
cado el Jardín de Getsemaní. Estaba cerrado,
"no, no puede ser", exclamé con desilusión. A lo
lejos, noté que el guardián del lugar se dedicaba a
las labores de limpieza; era un palestino. Le hice
señas para que se acercara, y él vino. En mi cor-
tado inglés de mis días de estudiante, le expliqué
que nosotros -don Germán Núñez Bríñez y yo-
habíamos venido desde Venezuela, pero el hombre nos dijo que cerraban el lugar un día a la semana por mantenimiento. Insistí, así el hombre
al ver mi frustración, se le ablandó el corazón, y
haciendo señales de que no lo dijéramos a nadie,

nos dejó entrar. Caminábamos como quien pisa la alfombra roja de un lugar famoso.

Mi corazón saltaba de alegría y mis ojos no dejaban de absorber las imágenes de todo el lugar. Allí quedan todavía ocho olivos originales, con más de tres mil años de edad, y en cierto lugar se contempla la roca de la Agonía, donde se supone que el SEÑOR oró, lloró y agonizó. ¡No puedo resistirme y me arrodillo, y oro dándole gracias al SEÑOR! El silencio del lugar me permite escuchar el concierto de las aves, y en fracciones de segundos viajo dos mil años atrás. Me parece contemplar a Jesús, "huesos de mis huesos, carne de mi carne", sufriendo, gimiendo en una agonía total; el sudor rojizo de su frente cae gota a gota sobre aquellas piedras del lugar; siento que toda la tempestad del mundo cae sobre sus hombros. ¡Cuán pequeños resultan mis problemas cuando navego por mis riachuelos de aflicción frente a las tempestades de los océanos que como torrentes golpean el alma de mi amado Jesús! ¡Tener un SEÑOR que se identifica con todas mis aflicciones, pues ha sufrido mucho más que todas las aflicciones juntas de los seres humanos que hemos vivido y de los que vivirán, es algo muy grande!

Estar en Getsemaní es contemplar que a los ojos de un Dios tres veces Santo, el pecado es tragedia, dolor y desastre. No existe nada bueno en el corazón del ser humano pecador. La obediencia a Dios es la columna sobre la cual debiera descansar toda respuesta del ser humano al amor de Dios. Pero desde Adán, el habitante feliz del Jardín del Edén, la desobediencia ha sido nuestra única respuesta al Dios Santo que nos ama y busca como al principio: "¿Dónde estás tú?".

¡Pero he aquí el segundo Adán, Jesús! En Él, la obediencia es total. En toda la historia de la salvación, desde antes de la fundación del mundo, Getsemaní es el punto de no retorno; es el punto del trueque, del intercambio: ¡Jesús toma el lugar del pecador! Nadie lo obliga a hacerlo, pero el amor de Jesús es grande y decide sobre esa base. Como el primer Adán, Jesús tiene delante de sí, el obedecer o no. La lucha es real y se le da la copa del precio que tendrá que pagar; la toma o la deja.

Penitente, me doy cuenta de cuánta maldad existe en mi propio corazón, la negritud de mi ser interior me alarma, cuán sucio, manchado y despreciable soy a los ojos de Dios. Merezco ser lanzado sin misericordia, lejos de la presencia de Jesús; debajo de aquellos olivos retorcidos por el tiempo, yo también me retuerzo de angustia y arrepentimiento. ¿Cuánto tardarás, Dios Santo, en vomitarme de tu boca? Contemplo con los ojos de la fe a Jesús, me levanto en espíritu y me dirijo hacia Él, es de noche, pero los hilos delgados de la luna se proyectan en todo el lugar, llenándolo de luz. Lo veo arrodillado y apoyado sobre una roca. Su corazón está roto en mil pedazos, y la sangre se derrama por los poros de su precioso cuerpo. Veo su rostro, está bañado de sangre, el cielo ha enviado un representante, un ángel, para consolarlo. Me detengo con un pensamiento para luego pasarlo a la palabra y decírselo a Él:

"Mi Señor y Salvador, ¿por qué tanto sufrimiento?...". Pienso que Él no me ha visto, pero levanta su cabeza, y me dice: "¡Francisco, estoy sufriendo por tu pecado!"... ¡Nunca más olvidaré la ternura de su palabra y su mirada!

Fue entonces cuando escuché el final más feliz de toda la prueba de Getsemaní, y también de mi oración: "Padre, si quieres, pasa de mi esta copa; pero no se haga mi voluntad, sino la tuya". Y, se tomó la copa hasta la última gota. ¡La obediencia, por fin, había triunfado!

Entonces, allí en Getsemaní, ¡me levanto, y salgo con los ojos llenos de lágrimas y con mi corazón lleno de gratitud! Bajando del Monte de los Olivos, miro hacia Getsemaní, posiblemente, no volveré a estar allí en esta vida humana, pero espiritualmente, muchas veces retornaré..., y he retornado.

Oración:

Amado Dios:

Hoy pongo toda mi confianza en Jesús, mi

Señor y Salvador para tener paz contigo, ahora puedo disfrutar de tu amor y un día podré disfrutar también de toda tu grandeza. Enfrento el sufrimiento con alegría, no le huyo al Getsemaní en mis decisiones. No importa lo que tenga que pasar, pero me esforzaré en tu gracia para hacer tu voluntad. Sé que Tú cumplirás tus promesas, porque has llenado mi corazón con tu amor, por medio del Espíritu Santo que por la fe, vive en mí. Jesús, tu amado Hijo, tomó mi lugar en la cruz: "¿Puedes quemarme, oh fuego consumidor, cuando no sólo has quemado sino que has consumido completamente a mi Sustituto?" No. Por fe, mi alma ve la justicia satisfecha, la ley honrada, el gobierno moral de Dios establecido, y sin embargo, mi alma que fue antes culpable, ahora es absuelta y recibe tu perdón. ¡Gracias amado Dios, gracias amado Jesús, estando en vuestras manos estoy seguro! En el sagrado nombre de Jesús. Amén.

Perla de hoy:

Jesús en la cruz fue torturado, pero su lucha en Getsemaní fue su decisión final. Sin Getsemaní no existe Calvario. Por contradictorio que parezca, la Cruz del Calvario no es derrota, sino victoria final en la historia de la salvación.

SEMANA 22

PERDÓN DESDE LA CRUZ

"Y Jesús decía: Padre, perdónalos,
porque no saben lo que hacen. Y echaron suertes,
repartiéndose entre sí sus vestidos."
–Lucas 23:34 (LBLA)

Aquellos que han tenido la bendición de nacer en hogares cuyos padres son cristianos nacidos de nuevo, no se pueden imaginar el trayecto que tuvimos que recorrer los otros para llegar al Jesús de la Biblia. Cuán lejos estábamos de la verdad, los que nacimos en hogares solamente religiosos mezclados con el paganismo, y en donde el verdadero mensaje de la Semana Santa se perdía entre las supersticiones que la ignorancia de los propósitos de Dios impone. No obstante esto, a mi mente llegan los recuerdos lejanos de las mujeres de la casa preparando la comida que debíamos consumir en esos días, las bebidas y los dulces. Así como también, las recomendaciones de nuestros padres, sobre que no debíamos escuchar música bailable, porque no era tiempo de alegría sino de tristeza pues, Jesús había muerto. Los tiempos de ir a la playa y otras costumbres modernas estaban todavía lejos. Más aún, se nos imponía a los niños que desde el miércoles no hiciéramos mucho ruido hasta el domingo de resurrección para no "herir" el cuerpo del Señor Jesús. Por supuesto, niños al fin, nos olvidábamos, pero al recordarlo, adoptábamos la compostura deseada por nuestros mayores. Así, distorsionado, escuché por primera vez de la vida, pasión y muerte de JESÚS. No tenía claro, quién era, ni qué había hecho, pero cuando aprendí a leer, una de las cosas que más anhelaba era leer la historia de Jesús. Así fue, y un jueves de Semana Santa, mientras leía la Biblia, en el Evangelio de San Juan, ocurrió mi nuevo nacimiento en Jesús. Aquel perdón ofrecido por Él, desde la cruz, me alcanzó. ¡Bendito sea Dios!

Ahora bien, cuando leo el Salmo 22 e Isaías 53 y veo los sufrimientos del Siervo Sufriente, creo que los mejores esfuerzos hechos por los predicadores, las obras de teatro y el cine se quedan cortos al presentarnos a Jesús y la tortura de la crucifixión. Ocurrió que un miembro de nuestra iglesia en Manassas, Virginia fue a ver la película de Mel Gibson, la Pasión de Cristo, y me comentó después: "Pastor, el director se detuvo mucho en los sufrimientos de Jesús"... "Hermano, -le respondí-, cualquiera hubiera sido el énfasis del sufrimiento de Jesús en esa película, debió ser muy poco en comparación con la realidad". No exagero, porque Jesús en el Calvario, y sobre esa cruz, sufrió y murió para expiar el pecado de toda la humanidad. Jesús abrió la puerta de la salvación, y estableció un puente entre el Dios santo y nosotros los pecadores.

Por otra parte, no debemos perder de vista el hecho cierto de la obra perdonadora de Jesús a nuestro favor en toda sus etapas. El nacimiento de Jesús, la vida que Él vivió y la muerte que Él sufrió son únicos. Jamás ser humano nació como Jesús lo hizo en aquella primera Navidad; nunca, ningún otro ser humano vivió como Él vivió; nadie habló como Jesús habló, y sus palabras han llevado consuelo, fortaleza y gozo a tantos de nosotros, como cuando Él las pronunció por primera vez; nadie ha hecho los milagros que

Él hace, especialmente, transformar vidas desde aquí y para la eternidad cuando viviremos con Él en la Nueva Jerusalén; y, nadie murió como Él, Jesús fue víctima de la religión, de la política y del estado, y desde entonces, es muy malo para la humanidad cuando ese triunvirato se impone. Pero me quedaría corto al no decir en esta hora, que Jesús, ¡volvió a vivir! Regresó desde el más allá para decirnos que hay esperanza para el ser humano: " No temas, yo soy el primero y el último, y el que vive, y estuve muerto; y he aquí, estoy vivo por los siglos de los siglos, y tengo las llaves de la muerte y del Hades" (Apocalipsis 1:17,18 LBLA).

Vayamos por un momento a la escena del Calvario. Serían las nueve y media de la mañana de aquel fatídico Viernes Santo, cuando Jesús pronuncia su Primera Oración desde la cruz y nos ofrece su perdón:"¡Padre, perdona a toda esta gente! ¡Ellos no saben lo que hacen!" En efecto, Jesús era el secreto que el Padre tenía para reconciliar al ser humano pecador con Él mismo, y hacernos parte de su familia. Podemos darle el beneficio de la duda a todos aquellos que menospreciaron, humillaron y crucificaron a Jesús injustamente: no sabían lo que hacían. ¿Nos alcanza esa oración de perdón a nosotros también? Ciertamente, sí.

Sin embargo, a más de dos mil años de este acontecimiento, el esfuerzo y la sangre de nuestros mártires para llevar este mensaje hasta el fin del mundo es ya un logro innegable, ello explica la existencia de la Iglesia del Señor en sus distintas confesiones y denominaciones a través de toda la tierra; las iglesias sirven de hogares para los nuevos creyentes; la existencia de millones y millones de Biblias distribuidas en todo el mundo es un mapa viviente de cómo ir a Jesús; la actividad que despliegan las agencias misioneras e iglesias locales enviando a miles y miles de misioneros a todo el mundo para que anuncien también cómo llegar a Jesús; se puede decir con las mismas palabras de Jesús: "el que quiere oír que oiga". Creo que esta generación de seres humanos, simplemente, no tiene excusas. Muchos le están dando las espaldas a Dios y ellos lo saben.

Por otra parte, me cuento entre los millones de cristianos nacidos de nuevo, que estamos llevando estas buenas nuevas de salvación, que es el evangelio de nuestro Señor y Salvador por todo el mundo, con un sentido de urgencia. Somos un ejército de voluntarios dispuestos y disponibles todo el tiempo para anunciar el mensaje de la cruz a toda nuestra generación, sea que nos escuchen o no. Jesús oró: "Padre perdónalos". No es suficiente que la humanidad conozca de Dios, es indispensable su perdón. El perdón no es algo para decirlo en alguna forma, automático. La salvación es gratuita pero no es barata. Ciertamente Jesús nos ofrece el perdón desde la cruz, a Él le costó su preciosa vida a los treinta y tres años. Así que, necesario es detenernos y ver que el perdón es obtenible por medio del arrepentimiento de nuestros pecados y el depósito de nuestra fe únicamente en Jesús, quien nos ofrece su perdón desde la cruz.

Oración:

Amantísimo Padre Celestial:

Gracias por enviarnos a tu Hijo para que hiciera posible nuestra salvación eterna. Me arrepiento de todos mis pecados y te pido que entres a mi vida y me hagas una persona nueva para Ti y los demás. Ayúdame para anunciar a otros esta salvación tan grande, única y eterna en esta generación. En el nombre de Jesús, amén.

Perla de hoy:

Jesús nos perdona nuestra culpa del pasado para un presente de paz y un glorioso futuro.

SEMANA 23

EL PODER DE LA SANGRE DE JESÚS

"...y la sangre de Jesús su Hijo nos limpia de todo pecado."
–1 Juan 1:7 (LBLA)

Una madre campesina con su niño de nueve años, que apenas puede caminar, llegan al Servicio de Emergencia del Hospital de Niños J.M. de los Ríos, en Caracas. El viaje ha sido largo y pesado, pues vienen de un pueblito llamado Marincito, cerca de San Felipe en el estado Yaracuy.

"Señora" -le dice el médico a la buena mujer que llora desconsoladamente-, "no le oculto la verdad: el muchacho está sumamente grave, pero aquí haremos todo lo posible por salvarle la vida. Sin embargo, usted tiene que conseguirme ahora mismo un donante de sangre para el niño, preferiblemente un familiar que esté sano".

En aquel atardecer lluvioso del mes de mayo

de 1955, la mujer salió a toda prisa en busca de un pariente cercano de aquel niño moribundo. Mas regresa, ya de noche, con la mala nueva al médico tratante: "No he conseguido sangre doctor"... Mientras tanto el niño siente que sus fuerzas se le están marchando, y en eso oye la voz resuelta del joven galeno: "¡Señora el niño tiene mi mismo tipo de sangre!"

Acostados en sendas camillas, por un lado el muchacho enfermo, y por otro, un hombre fuerte con su brazo desnudo y extendido hacia el niño; se hace la transfusión. Durante el tiempo que la sangre corre gota a gota de un brazo a otro, una enfermera solícita, vigila para que todo el proceso no tenga contratiempos, ella da palabras de aliento y esperanza tanto al enfermo como al providencial donante. Una vez más, la vida en la sangre había ahuyentado a la muerte...

Más de cincuenta años han transcurrido des-de aquella historia, pero aún el pulso me tiembla y el corazón se me acelera mientras exclamo con todas mis fuerzas: ¡Bendito seas médico anónimo, porque aquel niño era yo!

Oración:

Amado Jesús, la sangre que derramaste a mi favor en el Calvario se hace poderosa en mí después de mi segundo nacimiento. No hay manera de agradecerte el hecho de que no sólo me diste una vida biológica, y me la has cuidado en tantas formas aquí en la tierra, sino también, me has dado la Vida eterna en Ti para colocarme en el cielo. ¡Por todo esto hoy proclamo que hay poder en tu sangre preciosa y que los brazos de la cruz están abiertos para todo pecador! Me postro delante de Ti y la victoria del Calvario, porque no fuiste allí para ser derrotado, sino para triunfar. ¡Tú eres en mí, la esperanza de gloria! Amén.

Perla de hoy:

La cruz de Jesús, y su sangre vertida a nuestro favor, así como hasta los pequeños detalles de nuestra vida, son la evidencia suprema del amor de Dios.

SEMANA 24

EL TRIUNFO DEL CRUCIFICADO

¡Es verdad que el Señor ha resucitado y se ha aparecido a Simón!
–Lucas 24:34 (LBLA)

¡Ha resucitado el Señor verdaderamente! Es el grito de triunfo del Crucificado. El día viernes, Jesús muere en victoria, pero su resurrección el día domingo es su día de triunfo definitivo. La resurrección de Jesús es el sello del regalo de nuestra salvación. La bandera del cristianismo es la esperanza de la resurrección. Todos los que hemos nacido de nuevo, por la vida que vino del cielo a través de Jesús, sabemos por la Palabra, que así como Él resucitó, ¡nosotros también resucitaremos! Es más, la vida normal del cristiano de hoy, es vivir una vida resucitada y victoriosa por la resurrección de Jesús.

Cuando el pastor Germán Núñez Bríñez -mi

maestro de homilética en el Seminario Bautista de Venezuela- y yo fuimos a Jerusalén, visitamos el Jardín de la Tumba y nos encontramos que en sus alrededores había gente de muchas partes del mundo, al juzgar por sus rasgos físicos y vestimentas. Aunque todos hablábamos lenguas diferentes, nos unía una sola verdad, dicha dos mil años antes: ¡Ha resucitado el Señor verdaderamente! La tumba cedida por José de Arimatea a Jesús, ¡está vacía!, y un cartel lo anuncia con las mismas palabras que los ángeles les dijeron a las mujeres que vinieron trayendo las especies aromáticas para ungir el cuerpo de Jesús: No está aquí, sino que ha resucitado. Mi amado hermano Núñez y yo estábamos a punto de llorar de alegría, y con toda esa emoción encima entramos a la tumba, nos colocamos frente a la abertura, y desde allí contemplamos a los demás turistas que habían llegado. De repente, la voz potente del príncipe de los predicadores venezolanos se elevó entonando las notas del himno que cuenta el triunfo del Crucificado; hicimos un dúo, que poco a poco se convirtió en coro, ya que los demás turistas, conociendo este himno internacional, lo entonaron en sus propios idiomas:

Cristo la tumba venció,
Y con gran poder resucitó.

Del sepulcro y muerte Cristo es vencedor,
Vive para siempre nuestro Salvador.

¡Gloria a Dios! ¡Gloria a Dios!
El Señor resucitó

Sí, ¡Ha resucitado el Señor verdaderamente! Y las apariciones que reiteradamente Jesús hizo a sus discípulos, a sus familiares y a otros seguidores, fue el hecho que afirmó la fe vacilante de ellos, y lo que explica la transformación de sus discípulos, de temerosos el día viernes a los valientes desde el domingo de resurrección hasta nuestros días. ¡La tumba vacía asegura que nosotros los que creemos en Jesús adoramos a un Dios vivo y no a un dios muerto!

¡Ha resucitado el Señor verdaderamente!

Explica la existencia de la Iglesia Cristiana, y por eso, cada semana, millones de hombres y mujeres en todo el mundo salen espontáneamente a predicar y a enseñar las verdades eternas del evangelio. ¡No lo hacen para ganarse la salvación, porque esto ya es un hecho, tal y como lo dijo el Apóstol: «El mismo poder que levantó a Jesús de la tumba" es el mismo poder que nos ha salvado! Todo servicio en la obra de Dios es un monumento de nuestra gratitud a Él y solamente a Él, porque definitivamente: ¡Jesús es nuestra pasión y triunfo! ¡Nada ni nadie nos ha podido detener a través de los siglos porque todos los que estamos en esta nueva vida que Jesús vino a traernos, constituimos un ejército comandado por el Rey de reyes y Señor de señores! A Él no pudo frenarlo este mundo, ni el maligno, ni la muerte. El sepulcro no pudo retenerlo porque Él, ¡mató para siempre a la muerte!". La resurrección es por encima de todo: El triunfo del Crucificado.

Oración

Amado Jesús, gracias por resucitar en mi

corazón hace tantos años. Sé que al final de la historia, sobre las cenizas de un mundo destruido, me levantaré conjuntamente con los millares que hemos creído a través de los siglos y te hemos servido con gozo, fe, amor y esperanza, porque "has resucitado Señor verdaderamente", no pongo mi confianza para mi salvación eterna en nada y en nadie más, sino en Ti y solamente en Ti. Amén.

Perla de hoy:
Alguien dijo que la resurrección
es el amén de Dios.

SEMANA 25

CRECER EN LA GRACIA

"...antes bien, creced en la gracia y el conocimiento de nuestro Señor y Salvador Jesucristo. A Él sea la gloria ahora y hasta el día de la eternidad. Amén."
–2 Pedro 3:18 (LBLA)

Cuando yo tendría un año en el Señor -poco a poco crecía en la fe-, me sentía lleno de entusiasmo por las cosas de Dios. Mi pastor, el misionero estadounidense Carlos Clark, y su preciosa familia habían impactado mi vida. También Dios me había preparado a dos amigos para ayudarme a crecer en esos primeros años de mi infancia espiritual, Adonis Rodríguez y Luis Magín Álvarez. Con Adonis, en especial, oraba y soñaba con formar familias que amaran al Señor, y con ellos, ayudar a la extensión del reino de Dios en la tierra. La influencia positiva de nuestro pastor y su preciosa familia se reflejaba en muchos de los asistentes de nuestra Misión Bautista Emanuel. No sabíamos que aquella familia misionera tendría que salir de nuestra iglesia por un año para retornar a su país. Al regreso a Venezuela, no sabíamos si los destinarían de nuevo para estar con nosotros en la iglesia. Todavía recuerdo aquella triste despedida en el aeropuerto, cuando vi el avión de Pan American World Airways, levantar vuelo y perderse entre las nubes. Confieso que al domingo siguiente en la iglesia, lloré casi todo el culto. ¡Cuánta falta me hacía mi pastor y su familia! Pero, mi amado pastor me escribió una tarjeta postal, la cual recibí como un mes después de su despedida, y además de sus palabras, me escribió el versículo que encabeza este devocional: En cambio, crezcan en la gracia y el conocimiento de nuestro Señor y Salvador Jesucristo. ¡A él sea toda la gloria ahora y para siempre! Amén.

¿Qué es la gracia de Dios? La gracia es el mayor regalo de Dios hacia los pecadores: "Porque por gracia habéis sido salvados por medio de la fe, y esto no de vosotros, *sino que es* don

de Dios; no por obras, para que nadie se gloríe."
(Efesios 2:8,9 LBLA) Sí, la gracia es el amor de
Dios aplicado a nuestra total indigencia moral.
Esa gracia tiene su fuente en Dios mismo y nunca
en nosotros. Dios es libre y soberano, y distribuye
su gracia como Él quiere y a quien Él quiere. De
manera que, nuestro orgullo acostumbrado a no
recibir favores de nadie, siempre cree que puede
hacer algo para ganarse la salvación, para mere-
cerse ese regalo que Dios otorga. Así, el incrédulo
rechaza la gracia, en cambio, el pecador arrepentido la recibe con humildad y gratitud.

¿Qué es crecer en la gracia? A medida que
dejo que el Señor inunde mi vida con su río de
gracia en abundancia, mi ser va creciendo. El
Señor va llenando cada espacio de mi "espíritu,
alma y cuerpo", en la medida en que yo sea dócil
a la llenura del Espíritu Santo en mi caminar
cotidiano. El apóstol Pedro nos ordena crecer en
la gracia, de modo que crecer o no crecer no es una
elección, no es una opción, sino un mandamiento
para que podamos ser ejemplo a otros. Como

dice el especialista en liderazgo, John Maxwell: "Una persona influye en toda su vida, de manera indirecta o directa, en otros diez mil individuos". ¿A cuántas personas estamos influenciando positivamente? Sin duda, un cristiano nacido de nuevo en posición de liderazgo, influye mucho más con toda su vida rendida bajo el poder de la gracia de Dios.

El consejo que dio el apóstol Pedro hace dos mil años a todos los cristianos, y que me dio mi amado pastor hace 46 años, también se lo aconsejo a usted: ¡A crecer en la gracia!

Oración:

Padre eterno y lleno de gracia:

Bendito sea tu sagrado nombre. Tu gracia me ha llenado para serte útil en tu reino, y es la única explicación por la cual me llamaste a tu salvación y para ser quien soy y realizar la labor que me has encomendado. Ayúdame a que nunca me olvide que no se trata de mí, sino de ti. En el nombre de Jesús. Amén.

Perla de hoy:

*En las buenas o en las malas, Dios y su gracia
están conmigo. No puedo fallar.*

SEMANA 26

¡NO TIRES LA TOALLA!

—¿Qué haces aquí, Elías? Y él respondió:
He tenido mucho celo por el SEÑOR, Dios de los
ejércitos; porque los hijos de Israel han
abandonado tu pacto, han derribado tus altares y
han matado a espada a tus profetas. He quedado
yo solo y buscan mi vida para quitármela."
–1 Reyes 19:13b,14 (LBLA)

¿Alguna vez has pensado en abandonar lo que Dios te comisionó? ¿Te sientes fatigado de tus mejores intentos y no ves fruto? ¿Sientes en la labor que realizas presiones que te vienen de todos lados, especialmente, dentro de ti mismo? ¿Has pensado en rendirte y tirar la toalla? Bueno, tirar la toalla es una frase prestada del lenguaje boxístico, y significa claudicar, renunciar, rendirse ante las dificultades de algo. En el boxeo, cuando el entrenador de uno de los contendientes considera que su pupilo está siendo claramente derrotado, y el seguir la pelea pone en peligro la salud del boxeador, arroja la toalla para dar a entender al árbitro que debe parar la pelea y dar como vencedor al otro púgil.

Permítanme relatarle una experiencia personal que viene al caso. Yo tenía apenas seis meses en los caminos del Señor, cuando la iglesia me nombró director de la Unión Bautista de Preparación; fue la primera responsabilidad que asumí en la iglesia, y la primera persona nombrada para fundar ese departamento dentro del liderazgo de la iglesia; el Padre Celestial vino a mi auxilio, como lo ha hecho siempre que se me ha dado una responsabilidad. Tuve muchas presiones internas, pero la posibilidad de renunciar nunca vino a mi mente. Entendí que el Señor me había dado aquella responsabilidad y la tendría que llevar hasta el final del período designado. Así ha sido toda mi vida frente al liderazgo. Sé que cualquier decisión que haga afectará, directa o indirectamente, la obra de Dios. Por ello, y alabado sea Dios por su gracia, no se sabe que yo haya renunciado a nada en la obra que se me haya pedido hacer. Es decir, tirar la toalla no es una opción en mi liderazgo, ¡cuando sé que es una designación del Señor para mí! ¿Cómo sé que Dios me ha puesto en ese lugar? Bueno, porque no creo que yo sea un accidente en este mundo, y por lo que Dios me permita ser y hacer con los dones y talentos que me ha dado para servir en su Nombre en cualquier lugar en que me coloque; por eso mi lema es el mismo del apóstol Pablo: "Pero en ninguna manera estimo mi vida como valiosa para mí mismo, a fin de poder terminar mi carrera y el ministerio que recibí del Señor Jesús, para dar testimonio solemnemente del evangelio de la gracia de Dios" (Hechos 20:24 LBLA).

En la actitud del profeta Elías -de huir por temor a la diabólica Jezabel, después de haber sido el instrumento de la divinidad para mostrarle al pueblo de Israel, quién es el verdadero Dios-, encontramos el camino al desánimo en el liderazgo, que termina en la renuncia. La depresión en que cayó el gran profeta fue tal, que sus mismas palabras expresan el dolor de su alma y de su espíritu: "Él anduvo por el desierto un día de camino, y vino y se sentó bajo un enebro; pidió morirse y dijo: Basta ya, SEÑOR, toma mi vida porque yo no soy mejor que mis padres" (1 Reyes 19:4 LBLA). Sin embargo, en toda la huida del profeta Elías, él no va solo, Dios va con él, lo alimenta, lo arrulla, lo sostiene: "Y acostándose bajo el enebro, se durmió; y he aquí, un ángel lo tocó y le dijo: Levántate, come. Entonces miró, y he aquí que a su cabecera había una torta *cocida sobre* piedras calientes y una vasija de agua. Comió y bebió, y volvió a acostarse" (1 Reyes 19:5,6 LBLA). Elías cayó en un síndrome que yo denomino el terrible PY (pobrecito yo).

Así que, como al Profeta, Dios te sostendrá para que termines tu labor con éxito: "Y aconteció que mientras ellos iban andando y hablando, he aquí, *apareció* un carro de fuego y caballos de fuego que separó a los dos. Y Elías subió al cielo en un torbellino" (2 Reyes 2:11 LBLA). ¡Dios se llevó a Elías directamente para el cielo, sin ver la muerte física! Unos mil años después de la experiencia del profeta, en solo dos versículos se describe su biografía: "Elías era un hombre de pasiones semejantes a las nuestras, y oró fervientemente para que no lloviera, y no llovió sobre la tierra por tres años y seis meses. Y otra vez oró, y el cielo dio lluvia y la tierra produjo su fruto" (Santiago 5:17,18 LBLA).

Es posible que como Elías, estés desesperado por las circunstancias, por las luchas y peligros que te rodean y amenazan tu vida. En lugar de renunciar y huir, detente, deja que Dios tome tu defensa en sus manos, Él y sólo Él, conoce tus potencialidades porque Él te hizo; Él está trabajando, y trabajará contigo hasta el final que Él mismo te ha designado. En su trabajo con nosotros los seres humanos, Dios nunca ¡tira la toalla!

Oración:

Padre Celestial:

En esta hora difícil en que estamos, tú necesitas

a hombres y mujeres que crean, lo que tú en tu gracia has prometido para ellos. Por favor, dame de tus fuerzas para vencer. En el nombre de Jesús. Amén.

Perla de hoy:

Cuando estés convencido de que el trabajo que estás realizando lo haces para la gloria de Dios (Colosenses 3:23), la palabra "renuncia", nunca pasará por tu mente.

SEMANA 27

¿QUÉ QUIERES SEÑOR?

"Y él dijo: ¿Quién eres, Señor? Y Él respondió: Yo soy Jesús a quien tú persigues; levántate, entra en la ciudad, y se te dirá lo que debes hacer"
–Hechos 9:5-6 (LBLA)

El impetuoso, apasionado y religioso Saulo de Tarso, emprendió una persecución contra la Iglesia naciente del Señor Jesús. Como todo fanático religioso, él pensaba que la persona que no creía en lo mismo que él, merecía morir. El médico Lucas hizo un diagnóstico de aquel perseguidor implacable de los primeros discípulos de Jesús: "Saulo , respirando todavía amenazas y muerte contra los discípulos del Señor, fue al sumo sacerdote" (Hechos 9:1 LBLA). ¿Quién era Saulo de Tarso? Era judío y se sentía orgulloso de ello. Se llamó a sí mismo, hebreo de hebreos. Cuando nació, sus padres -que descendían de la tribu de Benjamín- le pusieron el nombre que distinguía al primer rey que tuvo Israel, Saúl. Ciertamente, Saulo tenía un celo por su pueblo porque en la historia de la salvación ningún pueblo antiguo había tenido tantas cosas buenas; así que tenía razones de abolengo religioso para hacer lo que hacía. Ciertamente Israel era el pueblo escogido: "que son israelitas, a quienes pertenece la adopción como hijos, y la gloria, los pactos, la promulgación de la ley, el culto y las promesas, de quienes son los patriarcas, y de quienes, según la carne, procede el Cristo, el cual está sobre todas las cosas, Dios bendito por los siglos. Amén" (Romanos 9:4, 5 LBLA). Sólo un milagro, una intervención del mismo cielo, puede producir un cambio de mente y corazón; una experiencia espiritual que marque un nuevo nacimiento en un ser humano, y eso exactamente fue lo que ocurrió en la vida de Saulo de Tarso, quien después vino a ser el gran apóstol Pablo de Tarso. El apóstol de la gracia de Dios. Sin la existencia de Pablo de Tarso, el cristianismo fuera una religión más, en vez de, algo más que una religión.

De Pablo puede decirse que no fue grandioso al comenzar, sino que comenzó su vida en Cristo para llegar a ser grandioso. Ciertamente Pablo ocupa un lugar tan prominente en la fe viva del cristianismo, que en estos instantes, en alguna parte del mundo, gracias a uno de los escritos paulinos, alguien puede estar siendo elevado a otro nivel en su relación con Dios, con profundidad; son escritos que cambian, influyen e impactan. Solamente dos preguntas hizo Saulo aquel día de su encuentro con Jesús: "¿Quién eres Señor?", y, ¿qué quieres que haga?" Porque, a la verdad, como dijera el gran misionero ingles C.T Studd: "Si Jesucristo es Dios y murió por mí, entonces ningún sacrificio podrá ser demasiado grande para que yo lo haga por él." Y así, cuando Jesús, respondió sus preguntas, se levantó, fue y cumplió su ministerio, y, a partir de allí, el mundo no fue el mismo después de aquel gran misionero. Su lema es nuestro lema también: "Con Cristo he sido crucificado, y ya no soy yo el que vive, sino que Cristo vive en mí; y la *vida* que ahora vivo en la carne, la vivo por fe en el Hijo de Dios, el cual me amó y se entregó a sí mismo por mí" (Gálatas 2:20 LBLA).

Termino con este soneto de uno de los grandes de la poesía clásica española del siglo siglo XVII: Pedro Calderón de la Barca:

¿Qué quiero mi Jesús?
¿Qué quiero mi Jesús? Quiero quererte,
quiero cuanto hay en mí del todo darte.

Sin tener más placer que el de adorarte,
sin tener más temor que el de ofenderte.

Quiero olvidarlo todo y conocerte,
quiero dejarlo todo por buscarte,
quiero perderlo todo para hallarte,
quiero ignorarlo todo por saberte.

Quiero, amable Jesús, abismarme
en ese dulce hueco de tu herida
y en tus divinas llamas abrasarme.

Quiero, por fin, en ti transfigurarme,
morir a mí para vivir tu vida;

perderme en ti, Jesús, y no encontrarme.

Oración:

Bendito y alabado seas Padre amado:

La eficacia de tu salvación a favor del ser humano comienza con dos preguntas: ¿Quién eres Señor?, y, ¿qué quieres que haga? Ayúdame a ser para después hacer. En el nombre de Jesús. Amén.

Perla de hoy:

Jesús está preparando un ministerio para nosotros, mientras el Espíritu Santo nos prepara para ese ministerio. Por lo tanto, podemos decirle: ¿Qué quieres que haga?

SEMANA 28

EL GOZO DE LA SALVACIÓN

*"Dios es espíritu, y los que le adoran deben
adorarle en espíritu
y en verdad."*
–Juan 4:24 (LBLA)

Fue el jueves santo de 1963 que leyendo la Biblia me arrodillé en la azotea de mi casa, frente a la inmensidad del cerro El Ávila, en Caracas. En efecto, Dios me habló a través de la Biblia, al leer la oración sacerdotal de Jesús: "Mas no ruego solo por estos, sino también por los que han de creer en mí por la palabra de ellos" (Juan 17:20, LBLA). En aquel momento privado, me arrodillé, por primera vez -sabiendo lo que hacía- ante mi Creador, y puse toda mi fe y confianza solamente en Jesús, quien es el Hijo de Dios, y vino a morir por los pecadores; pero en aquel inolvidable momento me di cuenta que Él había muerto, y que fue sepultado y resucitó por mí;

allí, las palabras que había leído del Señor, cuando dijo: "Yo soy el camino, y la verdad, y la vida; nadie viene al Padre sino por mí.", en Juan 14:6, ¡cobraron vida! ¡Se hicieron carne de mi carne y hueso de mis huesos! Desde niño yo había tenido inclinaciones religiosas, practicaba los ritos de mi religión y rezaba; pero frente a la verdadera adoración al Dios vivo y al obedecerlo para tener la relación personal con Él, entré en una dimensión espiritual que es igual a nacer de nuevo (Juan 3:3), y desde aquel momento, mi vida no ha sido igual.

Pues bien, el diccionario nos dice que adoración es el "culto que se da a algo que es o se considera divino", también señala que es "el amor muy profundo que sentimos por alguien", como por ejemplo, a la familia. Esto nos lleva a una pregunta, ¿qué es la adoración cristiana? Su respuesta es dada por el mismo Señor a la samaritana: Pues Dios es Espíritu, por eso todos los que lo adoran deben hacerlo en espíritu y en verdad. La teología nos enseña que el ser humano es tripartito, "Y que el mismo Dios de paz os santifique por completo; y que todo vuestro ser, espíritu, alma y cuerpo, sea preservado irreprensible para la venida de nuestro Señor Jesucristo" (1 Tesalonicenses 5:23, LBLA). Nosotros estamos acostumbrados a ver el ser humano como el cuerpo, nada más, pero la parte más importante en cuanto a la relación con Dios es el espíritu porque allí habita la capacidad de la adoración, la conciencia y la intuición. Sin embargo, debido a la separación de Adán y Eva del compañerismo con Dios, nacemos con el espíritu humano "muerto" en su relación verdadera, genuina y real con su Creador. Sí, el ser humano en su espíritu está muerto sin Jesús: "Pero Jesús le dijo: Sígueme, y deja que los muertos entierren a sus muertos" (Mateo 8:22, LBLA), y el apóstol Pablo dice: "Y *Él os dio vida* a vosotros, que estabais muertos en vuestros delitos y pecados, en los cuales anduvisteis en otro tiempo según la corriente de este mundo, conforme al príncipe de la potestad del aire, el espíritu que ahora opera en los hijos de desobediencia" (Efesios 2:1,2 LBLA). Por eso, las palabras de Jesús cobran su razón de ser: "yo he venido para que tengan vida, y para que la tengan en abundancia (...) Yo soy la resurrección y la vida; el que cree en mí, aunque muera, vivirá" (Juan 10:10b; 11:25, LBLA). En realidad, Jesús mismo es nuestra vida espiritual, la vida eterna "Zoé", sin Él, el espíritu humano está muerto: "Y esta es la vida eterna: que te conozcan a ti, el único Dios verdadero, y a Jesucristo, a quien has enviado" (Juan 17:3 LBLA); más claro aún: "Y el testimonio es este: que Dios nos ha dado vida eterna, y esta vida está en su Hijo. El que tiene al Hijo tiene la vida, y el que no tiene al Hijo de Dios, no tiene la vida" (1 Juan 5:11,12, LBLA).

Volviendo a mi experiencia inicial de adoración en la cual acepté el regalo de la vida eterna en Jesús, en aquellos primeros días de mi fe cristiana yo no sabía mucho de la Biblia, y por supuesto nada de teología. Sin embargo, los cultos de la iglesia, la conversación de las verdades espirituales con los que llevaban más años que yo en el Evangelio, los tiempos de oración con sus vigilias y ayunos voluntarios, los himnos que cantábamos, el deseo de agradar a Dios en todo lo que pensaba, hablaba y hacía, me revelaban que estaba "adorando en espíritu y en verdad". La adoración en espíritu, desde luego tiene muchas facetas, pero estaba convencido de que todo lo que hacía para agradar a Dios y en gratitud por una salvación tan grande, me llenaban, me llenan y llenarán del gozo de la adoración.

Oración:

Señor:

¡Yo estoy muy gozoso de poder adorarte en espíritu y en verdad! Por eso, ¡todo el tiempo te bendeciré! ¡Mis labios siempre te alabarán! ¡He pasado la vida invitando a otros a que se gocen conmigo en este banquete espiritual al cual me invitas a cada momento de mi existencia temporal! Les digo a los que tú quieres darles vida: ¡Únanse a mí, y juntos alabemos la grandeza de Dios! Un día me postré delante de ti, y te pedí, oh Dios, que me ayudaras, y tu respuesta fue positiva y no se hizo esperar: ¡Me libraste del miedo que tenía a vivir y a morir! Señor el que a ti acude se llena de alegría y jamás pasa vergüenza porque Tú eres el Señor de señores y el Rey de reyes, y no dejas caído al que te busca. Ayúdame para que con este gozo pueda exclamar: ¡Vengan, vengan conmigo!, y les diga: Yo, que nada valgo, llamé a Dios, y él me oyó, y me salvó de todas mis angustias. En el nombre de Jesús. Amén

Perla de hoy:

La adoración en espíritu y en verdad pone una canción en nuestro corazón y una sonrisa en nuestros rostros para siempre.

SEMANA 29

LA BODA

"Regocijémonos y alegrémonos, y démosle a Él la gloria, porque las bodas del Cordero han llegado y su esposa se ha preparado."
–Apocalipsis 19:7 (LBLA)

Sin importar la emoción que uno sienta frente a la boda de hoy del príncipe Guillermo y su novia Kate Middleton, ya el matrimonio es un hecho. Todas las expectativas y el amplio despliegue mediático de este acontecimiento, ya han sido satisfechos. No hay nada que hacer, sino dar gracias al Señor porque la institución del matrimonio, la boda, sigue siendo una ocasión feliz. Nos hace bien a todos ver a estos jóvenes, Guillermo y Kate, resaltar la importancia del matrimonio, como un valor fundamental en toda nuestra cultura cristiana. Una boda es el momento en que dos seres humanos, hombre y mujer se unen por los lazos del amor; es la ocasión cuando toda la emoción que puede sentirse en dos corazones explota, y se unen dos voluntades poniendo lo mejor de sí mismas, para llegar a ser una sola, delante de Dios y la sociedad. Esta clase de unión ha sobrevivido, desde que Dios realizó la primera boda, la de Adán y Eva, cuando dijo: "Por tanto el hombre dejará a su padre y a su madre y se unirá a su mujer, y serán una sola carne" (Génesis 2:24, LBLA).

En la Biblia la unión de Jesús y su Iglesia se compara con una boda. Todo matrimonio es un pacto entre las partes contrayentes, e igualmente, la unión de Jesús con su pueblo al final de los tiempos. De hecho, así como Génesis comienza con una boda, Apocalipsis termina con la Boda del Cordero y su novia, la Iglesia. Una comprensión mejor de este hecho en el plan divino de la salvación es saber cómo era una boda entre judíos en la época de Jesús. En efecto, los padres, cuando todavía sus hijos eran niños, solían arreglar el contrato matrimonial y se pagaba la dote; después, cuando la pareja de niños llegaba a la edad adulta, a una edad conveniente para los contrayentes, el novio y sus amigos, iban a la casa de la novia para buscarla y escoltarla a la casa del novio (Mateo 25:1-13); y como acto final de la celebración, el novio introducía a la novia en su propia casa y se celebraba el banquete con la asistencia de familiares, amigos y otros invitados (Juan 1:1-12). Todo este proceso está implicado para el evento final de la historia, en la cual, todo el sufrimiento de los cristianos y de la humanidad, contados desde el capítulo cuatro del Apocalipsis hasta el capítulo dieciocho, terminará. Acto seguido, en el capítulo diecinueve, surgen alabanzas en el cielo. Dios escoge el cuadro de un matrimonio para ilustrar el glorioso momento cuando nos hacemos uno con el Señor para siempre. De esta manera, si en las bodas de hoy del príncipe Guillermo y de Kate, se estima que será visto por dos mil millones de personas en todo el mundo. Sin embargo, no todos son parte de esas bodas. No será así con los cristianos, porque en las bodas del Cordero ¡Todos formaremos parte para unirnos al Rey de reyes y Señor de señores! Porque la Iglesia es la Novia, escogida para Él antes de que el mundo fuese; su Novio vino y firmó el contrato matrimonial con su propia sangre (Efesios 5:25, 27), Jesús vendrá por su Esposa, muy pronto, en el arrebatamiento; y luego, en el cielo se efectuará el magno acontecimiento: Las bodas del Cordero.

¿Cuándo será este magno acontecimiento? Lo veo así, más de trescientas profecías se cumplen exactamente en Jesús, no existe ninguna razón por la cual, Dios no cumpla su promesa. ¡Yo le creo a Él y tengo toda confianza que vendrá como lo ha prometido! Hablando de esto, el gran teólogo español Francisco Lacueva, termina su precioso libro Apocalipsis con la siguiente ilustración:

"La fantasía ha descrito el acontecimiento bajo la imagen de una doncella cuyo prometido la dejó para ir de viaje a la Tierra Santa, con la promesa que, a su regreso, la haría su esposa amada. Muchos le decían a ella que jamás volvería a verlo. Pero ella creía en la palabra de él y, tarde tras tarde, bajaba al solitario puerto y encendía una luz frente a las rugientes olas, para dar la bienvenida al navío que había de devolverle a su amado... Así también, aquel bendito Señor que nos ha amado hasta la muerte, se ha marchado a la misteriosa Tierra Santa de los cielos, prometiendo que, a su vuelta, nos tomará como a su dichosa y eterna Esposa. Algunos dicen que se ha ido para siempre y que nunca más lo veremos aquí. Pero su última palabra fue: "¡Sí, vengo pronto!"...Y alguna de esas noches, mientras el mundo está ocupado en sus alegres frivolidades, riéndose de la doncella del puerto, una forma se levantará de las turgentes olas, como otrora en Galilea, a vindicar para siempre toda esa espera y devoción, y traer a ese fiel y constante corazón un gozo, una alegría y un triunfo que nunca tendrá fin". Con lágrimas en mis ojos, digo: "¡Sí, ven, Señor Jesús!" (Apocalipsis 22:20 LBLA).

Oración:

Gracias Padre eterno, por poner alas a mi espe-

ranza y saber que muy pronto te vea cara a cara.
En el nombre de Jesús. Amén.

Perla de hoy:

*La vida puede ser dura aún para los que estamos
en la fe viviente de nuestro amado Jesús, pero la
suma total de nuestra felicidad es la esperanza del
pronto retorno del Amado.*

SEMANA 30

¡ESTÁ ESTABLECIDO!

"Y así como está decretado que los hombres
mueran una sola vez, y después de esto, el juicio"
–Hebreos 9:27 (LBLA)

Ella fue, tal vez, una de las mujeres más fotografiadas del mundo. Admirada y amada por millones de personas, y odiada por otros cuantos. Su paso por este mundo fue breve, pero contundente. Pasó de ser plebeya a princesa al convertirse en la esposa del príncipe Carlos de Inglaterra. Tanto su matrimonio como su posterior divorcio fueron seguidos por millones de personas en el mundo. Su nombre, Diana Spencer, y luego, por derecho, princesa de Gales, mayormente conocida como Lady Di. A pesar de todo el bien que hizo, la mayoría la recuerda por la vanidad que la belleza, la riqueza y la fama conllevan. Precisamente huyendo de los periodistas que la asediaban aquel 31 de agosto de 1997, pereció

trágicamente, porque la Biblia dice: "...está establecido que los seres humanos mueran una sola
vez, y después venga el juicio...

Era menudita, sin atractivo físico, sus san-
dalias marcaban los miles de pasos andados por
casi todo el mundo; representaba a los pobres del
mundo entero: los no amados, los indeseados, los
desatendidos, los paralíticos, los ciegos, los lep-
rosos, los alcohólicos, las lacras de la sociedad de
todas las naciones del mundo, especialmente los
de la India. Vista desde lejos, sorprende que, en
un mundo materializado y lleno de frivolidades,
una mujer como ella llamara la atención de los
medios de comunicación, de los ricos y poderosos de este mundo. Sí, ella es la Madre Teresa de
Calcuta. Murió el 5 de septiembre de 1997 ro-
deada de sus hermanas y de muchos de aquellos
que ella les había hecho bien. La princesa Diana
y la Madre Teresa fueron muy buenas amigas, y
salieron de este mundo, con una semana de diferencia la una de la otra, porque está establecido
que los seres humanos mueran una sola vez, y

después venga el juicio...

Pensando en el tema de lo breve de la vida y lo inevitable de la muerte, me viene a la mente, aquel fatídico, 11 de septiembre del 2001. Una persona me llamó de emergencia y me dijo "Pastor, ha ocurrido un accidente aéreo y uno de los edificio de las Torres Gemelas de Nueva York, está ardiendo", corrí y prendí la televisión y allí ya estaba CNN con la información; pero Mary y yo teníamos una cita en la Iglesia Bautista Emanuel de Manassas, Virginia, y salimos por la carretera 28 con la radio encendida, de pronto, escuchamos otra noticia, otro avión había impactado la otra Torre, de inmediato informaron que otro avión se había estrellado muy cerca de nosotros, en el Pentágono; rápidamente, nos hicimos a un lado de la carretera, y con lágrimas, Mary y yo oramos porque sabíamos que aquello tenía todas las características de un ataque terrorista a la nación estadunidense, a la cual estábamos llegando para iniciar una nueva iglesia. Desde ese día, el mundo no ha sido el mismo; todos nos volvimos vulnerables, porque en la mente diabólica de un terrorista se había concebido y planeado acabar con el centro del comercio del mundo, sin importar el alto costo de vidas humanas. Un nombre salió desde la oscuridad del anonimato, y pasó a ser el emblema de terror y muerte. Después de diez años de persecución, ayer, Osama Bin Laden murió. Porque está establecido que los seres humanos mueran una sola vez, y después venga el juicio...

La Biblia nos habla de la brevedad de nuestra vida humana, la cual es una asignación temporal que Dios nos permite para que lo conozcamos a través del nuevo nacimiento a la vida espiritual, la verdadera vida. Seamos cristianos nacidos de nuevo, o no, de todos modos, moriremos. ¿Qué vamos a ser y a hacer en nuestro breve paso por este mundo? Existe una orden de monjas que se saludan de la siguiente manera: "Hermanas, hemos nacido para morir", y desde luego, en su claustro, esperan la muerte. Sin embargo, el apóstol Pablo escribió: "Pues para mí, el vivir es Cristo y el morir es ganancia" (Filipenses 1:21 LBLA), y con este lema se lanzó a cambiar el mundo, y lo hizo, este mundo no es el mismo porque él estaba convencido de la verdad bíblica: está establecido que los seres humanos mueran una sola vez, y después venga el juicio...

Oración:

Amado Dios:

Te alabo en esta hora por darme una razón para vivir y para morir. Ayúdame a invertir esta única vida humana que poseo en la proclamación de tu amor, y en que sí podemos confiar únicamente en ti, para darle un verdadero sentido a nuestro breve paso por este mundo. En el nombre de Jesús. Amén.

Perla de hoy:

Seamos buenos o no, está establecido que un día moriremos, y si de todos vamos a morir: ¡Vivamos para la honra y la gloria de Dios!

SEMANA 31

¿QUIÉNES SON LOS MUERTOS?

"En verdad, en verdad os digo: el que oye mi palabra y cree al que me envió, tiene vida eterna y no viene a condenación, sino que ha pasado de muerte a vida."
–Juan 5:24 (LBLA)

El auditorio estaba lleno de estudiantes y algunos de los dirigentes estudiantiles estaban sentados junto a mí; el estudiante que dirigía el evento era un cristiano nacido de nuevo, y yo estaba allí dando una conferencia sobre el Nuevo Nacimiento. No fui extenso con el propósito de que al final vinieran las preguntas, y así fue. Al fondo del auditorio noté que un hombre de mediana edad levantaba la mano, se identificó como un profesor, entonces comentó y preguntó: "Dígame pastor, en la Biblia se dice que Dios hizo al hombre y la mujer, y les dijo "pero del árbol del conocimiento del bien y del mal no comerás, porque el día que de él comas, ciertamente morirás" (Génesis 2:17 LBLA), –el profesor continúo- "Pero más adelante se nos dice que, " El total de los días que Adán vivió fue de novecientos treinta años, y murió" (Génesis 5:5 LBLA), entonces, ¿quiénes son los muertos? ¡Porque es evidente que no fueron Adán y Eva!"... En el aire quedó la pregunta: ¿Cómo podía ocurrir esta aparente contradicción?

Pues bien, lo primero que tenemos que entender es que muerte significa separación. En la Biblia la muerte se describe de tres formas: Muerte física, separación del cuerpo y del alma; muerte espiritual, separación del espíritu humano del Espíritu de Dios, y también se describe como muerte segunda, a la separación de Dios de los condenados eternamente al infierno. La Biblia dice que el alma no muere nunca, existe vida después de esta vida: "Y así como está decretado que los hombres mueran una *sola* vez, y después de esto, el juicio" (Hebreos 9:27, LBLA).

Por otra parte, dice la Escritura que hasta que

el ser humano, no nace de nuevo (Juan 3:3) está espiritualmente muerto: "Y él (Cristo) os dio vida a vosotros, cuando estabais muertos en vuestros delitos y pecados" (Efesios 2:1, 2. *Paréntesis mío*) ¡Esa fue la muerte de Adán y Eva!, la separación de la amistad entre Dios y ellos ocurrió ese mismo instante: "Y oyeron al SEÑOR Dios que se paseaba en el huerto al fresco del día; y el hombre y su mujer se escondieron de la presencia del SEÑOR Dios entre los árboles del huerto. (...) Y el SEÑOR Dios lo echó del huerto del Edén, para que labrara la tierra de la cual fue tomado. Expulsó, pues, al hombre; y al oriente del huerto del Edén puso querubines, y una espada encendida que giraba en todas direcciones, para guardar el camino del árbol de la vida" (Génesis 3:8; 23,24, LBLA).

A causa de la desobediencia de los primeros seres humanos delante de Dios, fuimos separados de nuestro Creador, y ahora todo ser humano que viene a este mundo, está muerto en su relación con Dios, espiritualmente hablando.

Justamente, por eso vino Jesús, y Él mismo lo dijo: "porque el Hijo del Hombre ha venido a buscar y a salvar lo que se había perdido" (Lucas 19:10 LBLA). "El camino hacia el árbol de la vida" es Jesús, por eso enseñó: "Jesús le dijo: Yo soy el camino, y la verdad, y la vida; nadie viene al Padre sino por mí" (Juan 14:6 LBLA).

Está la otra forma de la muerte que la Biblia llama "la muerte segunda": "Y la Muerte y el Hades fueron arrojados al lago de fuego. Esta es la muerte segunda: el lago de fuego. Y el que no se encontraba inscrito en el libro de la vida fue arrojado al lago de fuego" (Apocalipsis 20:14,15. LBLA). Basado en esto, podemos afirmar que el cristiano nacido de nuevo, que tiene su vida eterna en Jesús, morirá una sola vez; la esperanza de la resurrección para vivir para siempre con el Señor, lo acompaña: "Jesús le dijo: Yo soy la resurrección y la vida; el que cree en mí, aunque muera, vivirá" (Juan 11:25, LBLA); pero el que no tiene la vida en Jesús, morirá dos veces.

¿Quiénes son los muertos? El poeta Ricardo

Palma, nos los dice:

No son muertos los que en dulce calma
la paz disfrutan de la tumba fría;
muertos son los que tienen muerta el alma
y viven todavía.

No son muertos, no, los que reciben
rayos de luz en los despojos yertos,
los que mueren con honra son los vivos
los que viven sin honra son los muertos.

La vida no es la vida que vivimos
la vida es el honor, es el recuerdo;
por eso hay muertos que en el mundo viven
y hombres que viven en el mundo muerto.

Oración:

Bendito y alabado eres Dios eterno y misericordioso. Nos diste vida en Jesús cuando andamos lejos de ti, sin esperanza y sin Dios en esta vida. Ayúdame a proclamar tu vida a través de mi vida. En el nombre de Jesús, amén.

Perla de hoy:

Todo ser humano nace bajo condenación y muerto en su relación con Dios; nuestro propósito en esta vida es encontrar a Aquel que vino desde el más allá, para darnos vida en Él, desde ahora y para siempre.

SEMANA 32

¿DE DÓNDE VIENEN LAS GUERRAS?

"¿De dónde vienen las guerras y los conflictos entre vosotros? ¿No vienen de vuestras pasiones que combaten en vuestros miembros?"
–Santiago 4:1 (LBLA)

La historia nos da cuenta de los esfuerzos del ser humano para mejorar y transformar al mundo. Mi generación, por ejemplo, sin ir muy lejos, puso mucha atención a la educación, a la ciencia y a la tecnología para lograr el bien supremo de las personas. Sin embargo, vivimos en un mundo lleno de inmoralidad, ambiciones materialistas, tensiones políticas y guerras entre las naciones y entre los diferentes grupos étnicos y religiosos, revoluciones con prejuicios racistas, abuso de las drogas, incremento del terrorismo, los secuestros como negocio, problemas ecológicos producidos por el desorden mercantilista, dando como resultado el calentamiento global que nos amenaza con borrar al ser humano de la tierra. Así, todo sigue igual, el egocentrismo lo domina todo y contamina, igual al ser humano que fue echado del paraíso, hace miles de años.

Esto es así, porque una cosa es limpiar las telarañas y otra muy distinta, eliminar a la araña que las produce. La araña en el ser humano es el pecado, son sus pasiones negativas que habitan en él, y por eso vino Jesús. En su conversación con un gran líder religioso de su tiempo, Nicodemo, lo sorprendió al decirle: "En verdad, en verdad te digo que el que no nace de nuevo no puede ver el reino de Dios" (Juan 3:3 LBLA). ¡Todos los seres humanos debemos nacer dos veces! El primer nacimiento es humano; el segundo nacimiento es espiritual. El nacimiento humano nos pone en la tierra, pero el nacimiento espiritual nos lleva al cielo.

En efecto, Pablo nos dice: "De modo que si alguno está en Cristo, nueva criatura *es*; las cosas viejas pasaron; he aquí, son hechas nuevas"

(2 Corintios 5:17 LBLA). ¡Esa es la manera en cómo Dios acaba con la araña para así, eliminar la telaraña!

Al enfrentar la pregunta: "¿De dónde vienen las guerras?", podemos hacer el vano intento de justificarnos culpabilizando a los demás, pero la verdad de las cosas es que tenemos que concluir, que proceden de nosotros mismos, como lo dijera el apóstol Santiago, el hermano del SEÑOR: "Codiciáis, y no tenéis; matáis y ardéis de envidia..." ¡Esa es la verdad!

Oración:

SEÑOR, te confieso que tengo un corazón del cual brotan actitudes para apartarme de Ti. Hoy renuncio a toda obra perversa, y a los residuos que viven en mí de mi vida pasada, y sobre las cenizas de mi vida pasada, por tu gracia me levanto como persona nueva para asumir mi responsabilidad histórica y mi destino eterno a tu lado. Amén.

Perla de hoy:

El nacer de nuevo me adiestra para ser un instrumento de Dios, un hombre de paz, y me capacita para aborrecer las rivalidades y las guerras que brotan de mi corazón.

SEMANA 33

EL PERFIL DE UNA MADRE (I)

"Sus hijos se levantan y la llaman bienaven-
turada, también su marido, y la alaba diciendo:
Muchas mujeres han obrado con nobleza,
pero tú las superas a todas."
–Proverbios 31:28,29 (LBLA)

Se acercaba el Día de las Madres, y se me ocurrió hacerlo diferente ese año, invitaría a una de
las madres de la iglesia y ella daría la conferencia en su día. Gustó la idea, así que las damas
eligieron a su presidenta aquel año, la doctora
Rosaura Campos de Aquino, –quien ya está en
la presencia del Señor–. Me pidió ayuda y yo le
sugerí que disertara sobre el perfil de una madre,
según Proverbios 31:10-31; con sinceridad ella
me respondió: "Pastor, ese pasaje me pone muy
nerviosa porque ¿Qué mujer puede alcanzar esa
altura?, que esos versículos exigen". Le respondí:
Hermana, es verdad que ese perfil sobrepasa en

excelencia aquello que el Señor ha llamado a una mujer tanto en el ser como en el hacer. La mujer virtuosa, no es tanto que sea perfecta –cosa imposible para un ser humano en este mundo imperfecto-; pero ella siempre progresa en todo aquello que se ha propuesto hacer para la gloria de Dios. Ese Día de las Madres, fue hermosísimo en nuestra iglesia, la hermana Rosaura, nos dio una excelente conferencia e hicimos el compromiso de amar y cuidar más a nuestras madres.

Es verdad, no es fácil encontrarse con una mujer ejemplar; pero existe. Por ello, el pasaje aludido es uno de los más hermosos que tenemos en la literatura universal sobre la mujer, escrito en una época muy lejana, en honor al género más bello y registrado por el Espíritu Santo en la Palabra de Dios.

En efecto, en todos estos versículos escritos como un poema se nos da un perfil de la mujer virtuosa en sus papeles principales de esposa y madre; allí encontramos que la mujer ejemplar, es poseedora de lo que hoy llamaríamos una realización personal. Allí se refleja el perfil de la mujer ejemplar; ella experimenta felicidad por lo que es y hace; ella está feliz por su apariencia física, y se desplaza en sus distintos roles sin complejos de ninguna especie; se ve que cada día cuando llega la noche, se puede acostar feliz de la jornada realizada, aunque su ojo vigilante está pendiente de toda su familia; no vive en su pasado, ni deja que la amargura y la envidia que produce en otros su éxito en la vida, le estorbe para aprovechar lo mejor de esta vida presente; ella tiene solo una meta, siente que vive para un solo propósito: ser una mejor persona cada día; ella sabe que su belleza es pasajera, y las posesiones se quedan al salir de este mundo, y se aferra a las promesas de Dios; ella sabe cuál es el propósito para su vida, sabe para qué está en esta tierra, sabe dónde está y hacia dónde va; ella tiene una actitud positiva frente a la vida, y en su hogar "hasta la tetera canta de felicidad". Su perfil de madre lo ha transformado en un cántico nuevo que entona con un desafío cotidiano, por eso:

Sus hijos se levantan y la felicitan; también su esposo la alaba: "Muchas mujeres han realizado proezas, pero tú las superas a todas". Alabado sea el Padre por una mujer así.

¿Cómo puedes ser una mujer ejemplar? Deja que Jesús, entre a tu vida, mediante una oración de entrega a Él, como la sugiero a continuación.

Oración:

Padre eterno:

Ahora entiendo que Tú me amas y que desde antes de la creación del mundo, Tú quisiste que yo fuera parte de tu familia. Señor, con humildad te pido que perdones mis pecados, me arrepiento, y te ruego que vengas a mi vida. Gracias Jesús por salvarme, y de ahora en adelante, Tú eres mi Señor y Salvador. Amén. (Si hizo esta oración con sinceridad, escríbame para enviarle un material de crecimiento espiritual).

Perla de hoy:

Mejor que un rubí es una madre ejemplar, como esa joya preciosa, amémosla y cuidémosla.

SEMANA 34

EL PERFIL DE UNA MADRE (II)

"Mujer hacendosa, ¿quién la hallará? Su valor supera en mucho al de las joyas! (...) Engañosa es la gracia y vana la belleza, pero la mujer que teme al Señor, esa será alabada. Dadle el fruto de sus manos, y que sus obras la alaben en las puertas"
–Proverbios 31:10, 30,31 (LBLA)

Me encontraba en la fila para entrar a la sección de seguridad del aeropuerto de mi ciudad. Es un lugar en donde los familiares y amigos se despiden; una mujer avanzó hacia su hijo, que estaba al lado mío, lo abrazó y besó, pero antes de salir de la fila, inevitablemente escuché las últimas recomendaciones a su hijo: "No salgas sin abrigarte la garganta, tómate la medicina que te puse en la maleta, inmediatamente cuando llegues al hotel saca una por una las piezas y las pones en un colgadero"..., el hombre me miró y me guiñó un ojo como diciéndome, compréndala. La mujer quizás en los ochenta años, y su hijo como por los cincuenta y cinco años. Sin embargo, los cuidados de la madre nunca terminan.

En la Biblia hebrea, Proverbios 31:10-31 es un poema a la mujer ejemplar, cada versículo comienza con una letra del alfabeto, así que este pasaje es un poema de 22 versículos. En efecto, la poesía capta mucho más allá de las palabras, y el rey Salomón era poeta como su padre David. ¡Qué homenaje tan singular a una mujer temerosa de Dios y llena de muchos valores y virtudes! Por tres milenios, los seres humanos han hecho realidad el motivo de la poesía original, de la vigencia de una mujer así: "...*pero* la mujer que teme al Señor, esa será alabada. Dadle el fruto de sus manos, y que sus obras la alaben en las puertas!" (Proverbios 31: 30,31 LBLA).

En la mujer que inspiró el poema, las virtudes se suman en una acción constante y son las de un espíritu que se relaciona con lo eterno pero

181

que tiene los pies en la tierra; sus pensamientos y emociones bien dirigidos por Dios, dan a su alma destellos que trascienden a un cuerpo que es bello por dentro y por fuera. Es una mujer de principios firmes, integridad a toda prueba y grandeza de carácter. Por lo tanto, una mujer así es mejor que un rubí; inspira confianza en su esposo, que sabe que la elección de hacerla su amada esposa, lo llena completamente: "El que halla esposa halla algo bueno y alcanza el favor del SEÑOR" (Proverbios 18:22 LBLA); la mujer ejemplar es hacendosa y previsiva; se deleita en su trabajo tanto en su hogar como fuera de él; su amor altruista la hace velar por los menos favorecidos: "Tiende su mano al pobre y con ella sostiene al necesitado"; desarrolla al máximo su potencial; tiene cuidado de su hogar, de su esposo y de sus hijos; es fuerte y útil; emplea el dinero con discreción; está bien dispuesta, tanto para los suyos, como para los de afuera en todo momento; es en pocas palabras, una mujer total, bella de verdad.

Una persona nunca podrá alcanzar su máxima potencialidad en esta vida, sin la ayuda de Dios, Él provee de una cuidadosa guía para encaminar a la mujer ejemplar por sus distintos espacios que ella tiene que llenar, entre estos, el más importante de todos: ser madre. ¡No podrás avanzar mucho en tan noble tarea por tus propios esfuerzos, ven a los pies de Jesús! Haz la siguiente oración, y Él vendrá para hermosear tu vida y llenarla de significado para su honra y gloria. El SEÑOR te hizo mujer para que aspires a que se diga de ti: "Muchas mujeres han obrado con nobleza, pero tú las superas a todas" (Proverbios 31:29 LBLA).

Oración:

Padre eterno:

Ahora entiendo que Tú me amas y que desde antes de la creación del mundo, quisiste que yo fuera parte de tu familia. Señor, con humildad te pido que perdones mis pecados, me arrepiento, y te ruego que vengas a mi vida. Gracias Jesús por salvarme, y de ahora en adelante Tú eres mi Señor y Salvador. Amén. (Si hizo esta oración con sinceridad, escríbame para enviarle un material de crecimiento espiritual).

Perla de hoy:

El mejor testimonio de una madre a sus hijos es hablar con su vida.

SEMANA 35

DE LA CURIOSIDAD A LA SALVACIÓN

"Y Jesús le dijo: Hoy ha venido la salvación a esta casa, ya que él también es hijo de Abraham".
–Lucas 19:9

"¿Están realmente perdidos los seres humanos sin Jesús?", así rezaba el cartel que colgaba sobre mi cabeza cuando diserté sobre quién es Jesús. Los jóvenes cristianos de la universidad que me invitó, habían hecho un gran trabajo porque el auditorio estaba lleno. Me recibieron con un aplauso, y mientras me presentaban, yo oraba que aquellos aplausos del inicio se convirtieran en alabanzas a nuestro Dios al finalizar mi conferencia. Al terminar mi conferencia, ciertamente, 16 jóvenes hicieron decisión de fe, aceptando a Jesús como Señor y Salvador.

¿Quién dijo que los seres humanos sin Jesús están perdidos? La Biblia nos dice que los seres humanos sin Jesús están perdidos. Por eso, la Biblia es ante todo, la Historia de la Salvación del ser humano. Pero esto supone un estado anterior de perdición. Jesús definió su misión en este mundo en forma tan clara que no nos deja ninguna duda de la verdad de la condición del ser humano: "Porque el Hijo del Hombre vino a buscar y salvar lo que se había perdido" (Lucas 19:10 LBLA).

En efecto, la verdad es que el ser humano delante de Dios se perdió, y se echó a perder. Lo ilustraré de la siguiente manera: Es como cuando un ladrón nos roba la cartera con su contenido, la cartera pasa de nuestro bolsillo al del que se la llevó, pero no es que se daña, sino que se extravía, no está en su lugar. Así, Dios, hizo al ser humano para Él, pero Satanás se lo llevó para su propio servicio, y ahora el ser humano, "está muerto en su delitos y pecados" con respecto a su relación con Dios, es decir, para usar palabras comunes, es "cartera" en el bolsillo de otro que no es Dios. Daré otro ejemplo, si uno compra un kilo de carne, y sin ponerlo a refrigerar se va de viaje por dos días, al retornar, la carne se habrá echado a perder. El ser humano delante de Dios está perdido y echado a perder. El ser humano descendió de ser un hijo de Dios y su amigo, a ser su enemigo y esclavo del pecado y de Satanás. Así, cuando éramos enemigos de Dios, y perdidos de su plan para el ser humano, vino Jesús a buscarnos y reconciliarnos con Dios. En la salvación, Dios toma la iniciativa en buscar al ser humano, aunque a veces pareciera que es el ser humano quien busca a Dios.

El que Dios tome la iniciativa, lo podemos ver claramente con la historia de Zaqueo, el cobrador de impuestos y hombre muy rico, quien movido, tal vez, por la conciencia de pecador o por la curiosidad natural, vino a ver a Jesús. Debió haberse quedado mudo cuando Jesús le dijo: "Zaqueo, date prisa desciende porque hoy es necesario que pose yo en tu casa", Zaqueo no sólo vio a Jesús, sino que se convirtió en su discípulo. Debemos entender que la salvación no es algo, sino Alguien: ¡Jesús morando en nosotros!

Oración:

Amantísimo Padre Celestial

Tú eres el autor de la salvación eterna porque quieres que lleguemos a ser tu familia en esta vida presente y en la venidera. ¡Gracias Señor por esta salvación tan grande por la que yo puedo honrar tu amor por mí, viviendo con el gozo de haber llegado a ser, no solamente una creación tuya, sino tu hijo. Ayúdame a anunciar esta verdad. En el nombre de Jesús, amén.

Perla de hoy:

La salvación es gratuita, pero llegar a ser un verdadero discípulo del Señor nos costará lo que somos y tenemos. Dígale al Señor que usted quiere ser un verdadero discípulo en su reino.

SEMANA 36

¿QUÉ SUCEDE CUANDO ORA-MOS?

"Así pues, Pedro era custodiado en la cárcel, pero la iglesia hacía oración ferviente a Dios por él."
–Hechos 12:5 (LBLA)

Cuando oramos:

Se obtiene la salvación como un regalo que Dios hace al pecador, "que si confiesas con tu boca a Jesús *por* Señor, y crees en tu corazón que Dios le resucitó de entre los muertos, serás salvo; (...) Porque no hay distinción entre judío y griego, pues el mismo *Señor* es Señor de todos, abundando en riquezas para todos los que le invocan; porque: TODO AQUEL QUE INVOQUE EL NOMBRE DEL SEÑOR SERÁ SALVO" (Romanos 10:9; 12,13 LBLA).

Se abren las puertas de la cárcel y la Palabra de Dios no queda presa: "Y he aquí, se le apareció un ángel del Señor, y una luz brilló en la celda; y *el ángel* tocó a Pedro en el costado, y lo despertó diciendo: Levántate pronto. Y las cadenas cayeron de sus manos" (Hechos 12:7 LBLA).

Se abren las puertas para la proclamación del evangelio y los evangelizadores sienten valor y claridad al testificar: "para manifestarlo como debo hacerlo. Andad sabiamente para con los de afuera, aprovechando bien el tiempo" (Colosenses 4:4,5 LBLA).

Se escucha el clamor delante de Dios y él envía sus obreros a la mies: "Entonces dijo* a sus discípulos: La mies es mucha, pero los obreros pocos. 38 Por tanto, rogad al Señor de la mies que envíe obreros a su mies" (Mateo 9:37,38 LBLA).

Se predica la Palabra con poder: "Entonces los que habían recibido su palabra fueron bautizados; y se añadieron aquel día como tres mil almas" (Hechos 2:41 LBLA).

Se hace sentir la influencia bienhechora de Jesús a nivel mundial: "¡Esos que han trastornado al mundo han venido acá también!" (Hechos

17:6b LBLA).

Se suplen las necesidades de la obra: "En verdad, en verdad os digo: el que cree en mí, las obras que yo hago, él las hará también; y aun mayores que estas hará, porque yo voy al Padre. Y todo lo que pidáis en mi nombre, lo haré, para que el Padre sea glorificado en el Hijo. Si me pedís algo en mi nombre, yo lo haré" (Juan 14:12-14 LBLA).

Oración:

¡Gracias Padre! Ya que por la oración movemos los delgados hilos de tu omnipotencia y te pones a la distancia de nuestra petición. Ayúdame a orar en todo tiempo y en todo lugar. En el nombre de Jesús, amén.

Perla de hoy:

Nada es demasiado grande ni demasiado pequeño para llevarlo a Dios en oración.

SEMANA 37

LA PAZ DE DIOS

"La paz os dejo, mi paz os doy; no os la doy como el mundo la da. No se turbe vuestro corazón, ni tenga miedo"
–Juan 14:27 (LBLA)

"Gracias pastor, tengo paz en mi corazón. Tengo paz con Dios". Fueron unas de las últimas palabras coherentes de aquel hombre a quien yo asistía en los últimos momentos de su vida en un hospital. A la verdad, en esos últimos momentos, poco importa la paz que ofrecen los seres humanos, que en el fondo prefieren vivir en guerra: "Yo *amo* la paz, mas cuando hablo, ellos están por la guerra" (Salmo 120:7 LBLA). Así era el mundo antiguo, y así es en la actualidad. Tenemos líderes al frente de nuestras naciones que no son hombres y mujeres de paz. Uno no puede dar lo que no tiene. Estamos ya en la segunda década de este siglo, que se ufana de sus adelantos tecnológicos y científicos, y, sin embargo, las revoluciones, guerras, y todo tipo de desorden y luchas internas en todas partes del mundo, no nos permiten la paz que tanto necesitamos. En realidad, no existe razón para sentirnos orgullosos de un mundo así. Se puede decir con el Apóstol: "destrucción y miseria *hay* en sus caminos, y la senda de paz no han conocido" (Romanos 3:16,17).

Pero existe otro tipo de paz, la de Dios. Este tipo de paz no descansa en esfuerzos humanos, ni en la cesación del sufrimiento y las tormentas de la vida. El fundamento de este tipo de paz es sólido porque descansa en la obra que Jesús hizo a nuestro favor en el Calvario, único mediador entre un Dios santo y el ser humano pecador, que conquistó un lugar en el cielo para nosotros, porque como todo, en nuestra unión con Cristo, la paz no es algo, sino Alguien, Jesús: "Él mismo es nuestra paz" (Efesios 2:14 LBLA), y Él hizo "la paz por medio de la sangre de su cruz" (Colosenses 1:20 LBLA). Es una paz que Dios ofrece generosamente a todos los seres humanos, porque Él es "el Dios de paz" (Romanos 16:20 LBLA). Esta paz no depende de nosotros, y nos es otorgada por la fe en Jesús y su sacrificio por nosotros: "Este *Jesús* es la piedra desechada por vosotros los constructores, *pero* que ha venido a ser la piedra angular. Y en ningún otro hay salvación, porque no hay otro nombre bajo el cielo dado a los hombres, en el cual podamos ser salvos" (Hechos 4:11,12 LBLA).

¿Es posible tener paz con Dios? No sólo es posible, sino que es el único propósito por el cual hemos nacido humanamente hablando, en esta vida temporal. Dios no quiere que salgamos de este mundo sin conocer esta paz con Él, y vivir a la altura de ella. Tampoco que vivamos con miedo al poseerla. Porque su paz, es segura y eterna: La paz os dejo, mi paz os doy; yo no os la doy como el mundo la da. No se turbe vuestro corazón, ni tenga miedo.

¿Que significa la paz de Dios? Repito, la paz que nos ofrece y da Jesús, nunca quiere decir que no tendremos problemas, sino que a pesar de las circunstancias de esta vida, Él estará con nosotros y procurará todo nuestro bienestar y bien supremos. El mundo ofrece una paz como cese de hostilidades, la evasión de problemas y el éxito y felicidad al final. Sin embargo siendo realista, esa era no ha llegado, ni llegará.

Jesús ofrece y hace posible, la paz con Dios y con nosotros mismos; es la paz que nos lleva a la victoria a pesar de las dificultades y las demandas de la vida; es la paz que ningún peligro ni sufrimiento la puede ensombrecer; es la paz que sobrepasa largamente nuestras limitaciones humanas; es la paz de quien sabe que todo lo que es y tiene, están en las poderosas manos de Dios; es la paz de aquel que no la busca en nada, ni nadie en este mundo, que no sea Jesús; es la paz del que sabe que todo lo puede en Jesús que le da la fortaleza y le hace vivir en victoria cualquiera sea su situación económica, social o cultural; es la paz del que canta en medio del sufrimiento; es la paz del que sabe que está muerto a este mundo y su vida "está escondida con Cristo en Dios" (Colosenses 3:3 LBLA), y nadie ni nada lo puede apartar del amor de Dios; es la paz que es independiente de todas las circunstancias exteriores; es la paz que a través de los siglos ha hermoseado el carácter y la pasión del cristiano nacido de nuevo por su amado Jesús; es la paz que posee todo aquel que rinde todo lo que es, lo que tiene a los pies de Jesús; es la paz del que deja aquí lo que puede perder para ganar lo que nunca perece; es la paz que triunfará al final de esta historia como la hemos conocido. ¡Alabado sea el nombre de Jesús! Sí, Él es nuestra paz.

Oración:

Gracias amado Padre por darme esa paz que sobrepasa largamente a la que el mundo me ofrece. Ayúdame a vivir y a proclamar tu paz. En el nombre de Jesús. Amén.

Perla de hoy:

Alabe a Dios por esa paz que Él en su gracia nos da a sus hijos. Pídale que usted pueda mostrar esa paz que ya posee en todo lo que es y hace.

SEMANA 38

LA ORACIÓN EFICAZ

"Por tanto, confesaos vuestros pecados unos a otros,
y orad unos por otros para que seáis sanados.
La oración[a] eficaz del justo puede lograr mucho."
–Santiago 5:16 (LBLA)

La oración que hacemos, en sí misma no es poderosa. Todo poder está en el Padre Celestial ante el cual la dirigimos; la hacemos en los méritos de Jesús y en el poder del Espíritu Santo que conoce tanto el corazón del Padre como los méritos del Hijo, y también el corazón de quien ora. Le ha placido a Dios darnos el vehículo de la oración para que nos acerquemos a Él con la confianza de que, en su gracia, nos escuchará. Es así como podemos orar eficazmente y en forma poderosa.

Lo primero que el versículo nos aconseja es que reconozcamos que somos pecadores, y por lo tanto, debemos confesarnos los unos a los otros nuestras ofensas, pedir perdón y perdonar. Por la vía de la oración, el ser humano es capaz de lograr lo inalcanzable. Mediante la oración podemos viajar de un lado a otro de este mundo en nuestras intercesiones por los demás. Podemos entrar al hospital y a las cárceles sin ser día de visita. Por la oración los perdidos encuentran la salvación, los enfermos se sanan y la Iglesia hace retroceder al mismo infierno. Por la oración movemos los obstáculos que se nos atraviesan y lo que parece imposible se allana. Por la oración caen los muros, se abren túneles y se establecen puentes. Por la oración nos podemos mantener firmes en medio de las pruebas que, como tempestades, se ponen sobre nuestro cielo y amenazan con destruirnos; oramos, éstas se desvanecen y se hacen bonanza. Por la oración, saltamos peligros tan hondos como los abismos, las amenazas son destruidas y podemos avanzar. Por la oración, protegemos a nuestra familia y bendecimos lo que ellos son y tienen, y todo se arregla para el bien de ellos y el nuestro. Por la oración, podemos ponernos delante de nuestra nación e invocar la bendición de Dios para que vivamos en paz. Por la oración, sostenemos los brazos de nuestros líderes espirituales, para que puedan prevalecer y vencer, de modo que la obra de Dios no tenga estorbos. Por la oración, podemos aprender a alabar en vez de criticar a nuestro prójimo, aprendemos a amar a nuestros enemigos y convertirlos en amigos. Por la oración, le decimos al Señor Jesús que Él es primero en nuestras vidas antes que cualquier persona, posesión y propósito. Por la oración, podemos seguir persistiendo en la petición, sin desmayar hasta ser oídos. Por la oración podemos creer lo que todavía no vemos, y tener esta seguridad como el apóstol Santiago: "La oración del justo es poderosa y eficaz".

Oración:

Padre Celestial:

Santo es, oh Dios, tu camino; ¿qué dios hay grande como *nuestro* Dios? Tú eres el Dios que hace maravillas, has hecho conocer tu poder entre los pueblos (Salmo 77:13,14 LBLA).

Como el ciervo anhela las corrientes de agua, así suspira por ti, oh Dios, el alma mía. Mi alma tiene sed de Dios, del Dios viviente (Salmo 42:1,2 LBLA).

Tu Palabra me alienta a seguir buscando tu rostro en oración. Ayúdame a orar con poder y eficacia. En el nombre de Jesús, Amén.

Perla de hoy:

Cuanto más oremos al Dios Todopoderoso por las bendiciones a nuestros semejantes, tanto menos pensaremos en nosotros mismos.

SEMANA 39

¿SERÁ EL FIN DEL MUNDO ESTA SEMANA?

"Pero de aquel día y hora nadie sabe, ni siquiera los ángeles del cielo, ni el Hijo, sino solo el Padre".
–Mateo 24:36 (LBLA)

En los años 60 una emisora evangélica que transmitía sus programas bíblicos, desde California, era una bendición para gran parte del mundo, llevando el mensaje de salvación. Sin embargo, hoy en día Family Radio, cayó en manos de Harold Camping, un hombre que echando números, llegó a la conclusión de que "El Día del Juicio Final del mundo será este próximo sábado 21 de mayo." Uno puede entender las muchas veces que sectas como la de los Testigos de Jehová, han vaticinado el fin del mundo, y por supuesto, se han equivocado; también, en los últimos años, se han incrementado los creyentes esotéricos que afirman que el fin del mundo será el 21 de diciembre del próximo año 2012.

La postura de todos esos movimientos que están alejados del conocimiento bíblico, uno hasta los puede entender, es su negocio predicar lo que denominaría la "teología del miedo". Algunos han escrito sus libros que han hecho impacto en los millones de lectores de la literatura esotérica. Esos autores y sus editoriales han amasado fortunas. Más me entristece la postura de Harold Camping y su grupo, por sus escritos me parece un hombre de Dios, y demuestra un gran conocimiento de la Biblia. Pero como tantos otros, está preocupado hasta la locura religiosa con la idea de que el mundo se va a acabar.

Por otra parte, el esfuerzo que ha emprendido Family Radio, promoviendo el final del mundo, debe costarles millones de dólares, ¡Claro si el mundo se va a acabar mejor es gastar que ahorrar! Han hecho un esfuerzo mundial para llamar a las personas a buscar a Dios, y advierten que sólo los creyentes se salvarán. En Estados Unidos y en Canadá, esa emisora ha colocado centenares de vallas publicitarias, en las que anuncia su mensaje apocalíptico; los seguidores de Harold Camping, han dejado todo para llevar el mensaje de su profeta, uno puede verlos con sus autobuses que se desplazan de un lado a otro de la nación estadounidense, llevando sus creencias, y digamos sinceramente, su miedo contagioso. Sé que en esos hombres y mujeres se ve sinceridad, no dudo que han depositado su fe en las predicciones de su líder; pero ya lo sabemos, uno puede ser sincero en lo que cree e ir hasta el delirio, y estar, sinceramente, equivocado.

El miedo. Siempre el miedo. Esa manía de asustar a la gente, ¿Dónde queda lo que dijo el Señor?: Pero del día y la hora nadie sabe, ni aun los ángeles de los cielos, sino sólo mi Padre. ¿Podemos creerle a Jesús ó a los falsos profetas que aún se pueden levantar dentro del pueblo de Dios? ¿Es solamente miedo el mensaje que un autor cristiano tiene para la humanidad? ¿Dónde quedan la fe, la esperanza y el amor? ¿Dónde está el arcoíris en medio de las tormentas que nos amenazan? ¿Dónde está el hecho de que cuando venimos a Jesús somos hechos familia de Dios y por lo tanto coherederos de todas las riquezas de la gracia de Dios? ¿Dónde está el resplandor de cada amanecer después de la noche oscura? ¿Dónde está la misericordia de Dios, nueva cada mañana? ¿Dónde se ve la paz de Dios que sobrepasa todo entendimiento? El apóstol Juan ante su experiencia sobrenatural del Cristo resucitado, quedó paralizado de miedo, él mismo lo cuenta: "Cuando le vi, caí como muerto a sus pies. Y Él puso su mano derecha sobre mí, diciendo: No temas, yo soy el primero y el último, y el que vive, y estuve muerto; y he aquí, estoy vivo por los siglos de los siglos, y tengo las llaves de la muerte y del Hades" (Apocalipsis 1:17,18 LBLA).

Sí, yo creo de todo corazón que mi amado Jesús vendrá un día de estos, Juan dice: "He aquí que viene con las nubes" (Apocalipsis 1:7). Él vino desde el cielo en una Navidad, murió por nuestros pecados en un Viernes Santo, pero resucitó un Domingo de Resurrección. Ahora, Él, viene otra vez. La Biblia dice que Él nos ama, ése es el punto central de nuestra teología cristiana, el amor de Dios. Una cosa es venir al Señor por miedo, y otra muy diferente venir a Él por gratitud del pecador perdonado. Le amamos, porque la Biblia dice que "Él nos amó primero". Vengamos al Señor y rindamos todo nuestro amor a Él, sí viene hoy o si lo hace este próximo sábado 21, ó tal vez dentro de mil años, no es asunto mío. No hay diferencia en cuanto al día ni la hora, porque lo repetimos, Él dijo: No temas, yo soy el primero y el último, y el que vive, y estuve muerto; y he aquí, estoy vivo por los siglos de los siglos, y tengo las llaves de la muerte y del Hades" (Apocalipsis 1:17,18 LBLA).

Oración:

Mi amado Padre Celestial:

Ayúdame en este día, a no poner un velo sobre mi visión de ti, vivo y triunfante; a seguir contemplando las palmeras y las aguas azules y el brillar del sol en un ocaso; quiero oír el sonido de la brisa, y palpar la alegría en medio del bullicio de los niños; no quiero ser un profeta del miedo, sino el cantor de la vida nueva que tú nos das, cuando arrepentidos venimos a ti. En el nombre de Jesús. Amén

Perla de hoy:

Si anhelas el retorno de Jesús, tienes muchos motivos para vivir sin temor y disfrutar la felicidad sin fin.

SEMANA 40

REFUGIO PARA EL ALMA

"Dios es nuestro refugio y fortaleza,
nuestro pronto auxilio en las tribulaciones."
–Salmo 46:1 (LBLA)

Teníamos en aquellos días, una preciosa juventud asistiendo a la iglesia, eso era durante mi primer pastorado, yo tenía entonces 27 años. Era joven, así que desafié a la juventud a subir una pequeña montaña muy cerca de la ciudad. Jóvenes al fin, ¡aceptaron el desafío llenos de entusiasmo e ilusión! La idea era subir la montaña el viernes por la tarde, dormir allí y luego descender el día sábado por la tarde. Eso sí, todos debían llevar sus Biblias e instrumentos musicales. Con mucho ánimo emprendimos la subida, no era tan fácil como se veía desde lejos. De repente, toda la montaña se oscureció, una tormenta nos amenazaba. Pensé, si nos mojamos, nos enfermaremos sin remedio. Hice una de mis oraciones de emergencia: "¡Padre, tú eres nuestro refugio espiritual pero encuéntranos uno físico, por favor!" Nuestro guía, un joven explorador, exclamó: "¡Allí está un refugio!", corrimos y llegamos justo a tiempo. Conquistamos la montaña, y dormimos en la cumbre.

Pues bien, "Dios es nuestro refugio y fortaleza, *nuestro* pronto auxilio en las tribulaciones" (Salmo 46:1 LBLA). Ciertamente, Dios es una morada segura en las tormentas de la vida. Se dice que el promedio actual de longevidad es de 25.550 días. ¿Qué podemos hacer en tan breve paso por esta vida temporal? Como dice la Biblia, en el Salmo 90: "Mil años delante de tus ojos son como el día de ayer", para Dios no existe el tiempo, en comparación con Él, vivimos aquí nosotros, nada más que ¡veinticuatro horas! Para los incrédulos el tiempo se mueve entre los extremos que van desde la cuna hasta la tumba. "Un poquito de tierra encima y todo se acaba", dicen algunos, otros añaden: "El mundo se acaba para el que se muere", con tales criterios, uno pensaría que viven de otra manera, pero no es así, disfrazan el morir de muchas maneras, y hacen lo posible por hacerse la idea de que vivirán aquí para siempre. Moisés, nos advierte sobre la brevedad de nuestra vida aquí en la tierra. La vida es como "una de las vigilias de la noche" -sabemos que según el pensamiento hebreo, la noche tiene cuatro vigilias de tres horas cada una- y sigue diciendo: "Los arrebatas como con torrentes de aguas...", la idea sugiere, la precipitación como caída, la rapidez y la fugacidad como marcha.

Vivo, junto a mi familia, a hora y media de esa gran maravilla llamada las Cataratas del Niágara, y no me canso de verlas, de respirarlas, de oírlas. No importa la estación del año, siempre son bellas. Ochocientas toneladas de agua por segundo se desprenden de una manera maravillosa; en días soleados se forman arcoíris a su alrededor, y éstos aumentan la belleza ante nuestros ojos. Bueno, el ser humano es como una gota de agua de ese torrente majestuoso. Como lo dijo el poeta Jorge Manrique en sus Coplas:

Nuestras vidas son los ríos
que van a dar a la mar,
que es el morir...

Sin embargo, nuestro Dios es el refugio del alma. Como seres humanos, algún día vendrá la aurora en la cual traspasaremos el umbral del más allá, de la muerte, pero como en el torrente del Niágara, el arcoíris de la esperanza de la resurrección, nos dará la bienvenida al maravilloso futuro que nos espera por haber puesto toda nuestra confianza en Jesús, y haber vivido para Él. Para el cristiano nacido de nuevo, esta vida es solamente un ensayo de la verdadera vida que es para siempre al lado de nuestro amado Señor y Salvador Jesús: "Yo soy la resurrección y la vida; el que cree en mí, aunque muera, vivirá" (Juan 11:25 LBLA).

Encontramos en la historia, ilustraciones muy hermosas de lo que estamos afirmando en este devocional. Se nos cuenta que en 1940 la tragedia se cernía sobre Europa, y Hitler se disponía a lanzar su gran ofensiva militar, entonces el rey Jorge VI de Inglaterra, llamó a la oración e igualmente él mismo escribió una, que dio ánimo a su pueblo: "Dije al anciano que cuidaba la puerta del año nuevo: "¡Dame, te pido, un camino y una luz para el camino!", y el anciano que cuidaba la puerta del año nuevo me respondió:

Penetramos en las tinieblas. Pon tu mano sobre la mano de Dios y Él será para ti mejor que un camino y más que una luz para ese camino," porque: "Dios es nuestro refugio y fortaleza, *nuestro* pronto auxilio en las tribulaciones" (Salmo 46:1 LBLA).

Oración:

Amado Padre Celestial:

Muchas son las pruebas y tribulaciones que me rodean. Hoy pongo mi confianza en ti porque eres mi refugio eterno. Contigo no hay tormenta que pueda amenazarme y que no podamos enfrentar los dos. Ayúdame a poner mi mirada en ti y a ver los arcoíris de esperanza de que mi triunfo y victoria final son seguros. En el nombre de Jesús. Amén

Perla de hoy:

Cuando Dios es nuestro refugio estamos preparados para morir y también para vivir.

SEMANA 41

CÓMO ORAR

"Y aconteció que estando Jesús orando en cierto lugar, cuando terminó, le dijo uno de sus discípulos: Señor, enséñanos a orar, así como Juan enseñó también a sus discípulos."
–Lucas 11:1 (LBLA)

Federico iba por una calle oscura de una gran ciudad. Como es lógico, sentía algo de temor. Se dio cuenta de que dos individuos lo seguían, quiso correr, pero ya era tarde. Uno de los hombres, sacó un arma de fuego y le dijo: "¡Esto es un asalto, la cartera o la vida!" En esos instantes sus pensamientos lo llevaron a su madre, una gran cristiana, una mujer de oración. Entonces, Federico oró tan rápido como pudo: "¡Oh Dios de mi madre, ayúdame! Si me sacas de ésta, te prometo que le voy a hacer caso a mi mamá, y este domingo voy a la iglesia pase lo que pase, y si quieres me convertiré en un misionero, pero,

¡sálvame!". Inmediatamente una patrulla de la policía apareció, y los ladrones, al escuchar la sirena, dejaron a Federico y huyeron a toda prisa. Federico, miró al cielo y dijo: "¡Señor, olvídate, ya solucioné mi problema!".

Creo que la oración es mucho más de lo que Federico y nosotros pensamos. La oración es hablar con Dios, no solamente en el momento de un inminente peligro. La oración es la respiración del espíritu. La oración es el deleite del alma. La oración es el ejercicio de nuestro cuerpo en búsqueda de lo eterno. La oración para el cristiano nacido de nuevo, no es un rezo repetitivo de palabras que alguien escribió. La oración surge de nuestra verdadera relación con Dios, tal y como le ocurría a Jesús con su Padre. El Padre Nuestro es la oración modelo y nuestra oración debería tener los elementos de alabanza y reconocimiento al Padre; apartar y apartarnos un instante para Dios; solicitar al Padre que su Reino es decir, todo su sistema de valores venga a nosotros y esté en nosotros; es pedir que su voluntad, que siempre es agradable y perfecta sea hecha en la tierra como en los cielos; es postrarse en gratitud por el pan que nos da cada día; es perdonar para ser perdonado, reconocer nuestras debilidades, y por sobre todo, saber que su Reino no es temporal, sino eterno. Y ante todo amigos: La oración es acción, porque la oración sin acción es ilusión.

Al finalizar nuestra oración debemos hacer caso a lo que nos dijo el SEÑOR, y es que debemos pedir en su Nombre: "En verdad, en verdad os digo: el que cree en mí, las obras que yo hago, él las hará también; y aun mayores que estas hará, porque yo voy al Padre. Y todo lo que pidáis en mi nombre, lo haré, para que el Padre sea glorificado en el Hijo. Si me pedís algo en mi nombre, yo lo haré" (Juan 14:12-14. LBLA).

Oración:

Amantísimo Padre Celestial:

¡Bendito sea tu Nombre porque eres digno de recibir la gloria y el honor! Hoy te agradezco por las provisiones diarias que me das y que llenan mis necesidades humanas. Tu perdón me lo has dado, y al mirarme humillado como un pecador delante de Ti, me facilita el que pueda perdonar a los que me ofenden. Confío en Ti para vencer toda tentación, y para lograr lo que Tú más anhelas de mí, ser el hombre que Tú quieres para que ayude a la extensión de tu Reino en toda la tierra. Ayúdame Señor para orar, ponerme en acción y vencer. En el nombre de Jesús, amén.

Perla de hoy:

No existe nada demasiado pequeño o demasiado grande que no podamos llevar al Padre en oración.

SEMANA 42

¡UPERNIKAO!: "SOMOS MÁS QUE VENCEDORES"

"Pero en todas estas cosas somos más que vencedores por medio de aquel que nos amó."
–Romanos 8:37 (LBLA)

Mi epístola favorita de las trece cartas paulinas es Romanos. Romanos es la obra teológica principal de Pablo, hoy en día se le daría un doctorado solamente por esta carta. Aquí tenemos las ricas enseñanzas paulinas de la justificación por la fe, además, sistematiza las doctrinas sobre el evangelio, sobre quién es el hombre, quién es Dios, quién es Jesús y, quién es el Espíritu Santo. Todo eso, en un ensayo teológico magistral de 16 capítulos.

La hoja de mi Biblia que tengo marcada -y casi desgastada por el uso- es la del capítulo 8:28-39, como dirían los jóvenes, con lo que escribió Pablo,

¡se botó!, estos versículos me inspiran, me alientan y me desafían a vivir la vida cristiana, no en mis propias fuerzas, sino en mi unión con Jesús, ¡nada ni nadie podrán separarme de su amor! Aquí, Pablo escribe a los hermanos romanos, y no les oculta el elevado costo de la gracia de Dios. Habrá sufrimientos y muerte en el futuro para los seguidores de Jesús, ¿eso fue solamente en el pasado?, no. Lamentablemente, hoy los cristianos están siendo perseguidos, encarcelados, torturados y asesinados por sus enemigos gratuitos, especialmente en los países musulmanes y comunistas. No obstante, lo eterno está por encima de lo temporal: ¿Quién nos separará del amor de Cristo? ¿Tribulación, o angustia, o persecución, o hambre, o desnudez, o peligro, o espada? Tal como está escrito: POR CAUSA TUYA SOMOS PUESTOS A MUERTE TODO EL DÍA; SOMOS CONSIDERADOS COMO OVEJAS PARA EL MATADERO" (Romanos 8:35,36 LBLA).

Pablo ve a Jesús, no como el Juez que ciertamente Él es, sino como el amoroso Señor y Salvador de los seres humanos, y así lo señalará, más adelante: Porque de Él, y por Él, y para Él, son todas las cosas. A Él, sea la gloria para siempre. Amén (Romanos 11:36 LBLA, mayúsculas mía). Es pensando en la victoria del cristiano por la conquista de Jesús al morir y volver a vivir, que el Apóstol exclama: "¡upernikáo!", y ha sido traducido al castellano por cuatro palabras: "Somos más que vencedores".

En efecto, cuando el ser humano abre sus espacios interiores a Dios, por medio de la fe en Jesús, y acude a la Palabra y a la oración; cuando siente que sus soledades han sido inundadas por la presencia divina; cuando percibe que su desvalimiento e indigencia, sufrimientos y circunstancias, quedan contrarrestados por el poder y la riqueza de Dios; cuando el verdadero discípulo de Jesús descubre que habita en él por la fe que posee y que le da solidez, la muerte no es el fin, sino el medio para el triunfo definitivo; es entonces, cuando se adueña de la verdad, y se despoja del temor a los hombres y a las circunstancias, y se rinde al SEÑOR que

sirve, se da cuenta que además de Todopoderoso es también Todoamoroso; tiene la seguridad
de que Dios es "su" Dios, el SEÑOR es "su"
Padre, que su Padre lo ama y lo envuelve, se
compenetra con él y en él, y lo acompaña no
solamente en el más acá, sino también en el
más allá; Dios es su fortaleza, su seguridad, su
certidumbre, su todo, y por tanto, su liberación
total..., entonces: ¡uperninikáo!: "somos más
que vencedores".

Oración:

Señor no busco el sufrimiento ni el martirio, eso
sería una enfermedad, pero si es por tu causa que
me toca, dame el valor que le das a los doscientos
mil, que en este año están sufriendo y muriendo
por Ti; ayúdame a vivir y morir en la certeza que
soy "más que vencedor". En el nombre de Jesús,
amén.

Perla de hoy:

*Experimentamos paz y no pánico, cuando
sabemos que "somos más que vencedores"
en el poder de Dios.*

SEMANA 43

GRANDEZA Y MISERIA DEL SER HUMANO

"Pues, ¿de qué le sirve a un hombre ganar el mundo entero y perder su alma? [37] Pues ¿qué dará un hombre a cambio de su alma?"
–Marcos 8:36,37 (LBLA)

Todo ser humano es una muestra de grandeza y miseria; es único, puede ganar o perder; en sí, lleva el germen del triunfo y también el de la derrota; puede alcanzar la grandeza en todo lo que se proponga, humanamente hablando, pero al mismo tiempo, puede perder. Es la paradoja existencial, el ser humano se puede lanzar con todas sus fuerzas, y con espléndida consagración de todas sus facultades, alcanzar algún ideal anhelado. La meta de algunos es ser alguien en esta vida por medio de las riquezas materiales, el oro es el último pensamiento al acostarse y el primero al levantarse, a ello consagra su tiempo, comodidad, salud, familia, y hasta el verdadero propósito de la vida, conocer a Jesús, con tal de incrementar sus ganancias. Ahora bien, la pregunta de Jesús está allí: ¿Y qué beneficio obtienes si ganas el mundo entero pero pierdes tu propia alma?

Otros seres humanos nacieron para dominar a sus congéneres por todos los medios posibles; llegar al poder y permanecer en él, es el todo de sus vidas. Ningún sacrificio les parece demasiado grande para obtener un cetro y conquistar un trono. Creen que el mundo no podrá sobrevivir sin ellos -como Alejandro el Grande ante lo inevitable de la muerte-, lloran porque ya no podrán conquistar más mundos, o como Nerón, mueren tocando la lira y diciendo: "¡Qué gran hombre pierde este mundo!". Sin embargo, la pregunta de Jesús resuena en medio de tantos reinos y seres humanos poderosos que han existido: ¿Y qué beneficio obtienes si ganas el mundo entero pero pierdes tu propia alma?

También hay otros que se consagran al estudio concienzudo, y con paciencia, pasan los mejores años de sus preciosas vidas, y dedican sus mejores esfuerzos para desentrañar los misterios de la ciencia. Sin duda, el mundo moderno les debe mucho a estos hombres y mujeres que arriesgan sus vidas cada día en los laboratorios, a los médicos y profesionales de la enfermería, que día tras día están allí como apóstoles, sirviendo, alentando, sin un sueldo digno, y muchas veces, sin ningún reconocimiento de las autoridades de la salud de una nación; a los científicos que están al frente de sus alumnos en las universidades, enseñándoles los derroteros que llevan a un mundo mejor para el progreso y la felicidad, sin duda, que la búsqueda en los tesoros de la ciencia es una vocación, más que una profesión. No obstante, la pregunta de Jesús sigue en pie: ¿Y qué beneficio obtienes si ganas el mundo entero pero pierdes tu propia alma?

La verdad bíblica acerca de la salvación y perdición, no es algo que los cristianos nacidos de nuevo hemos inventado. En efecto, toda la Biblia nos enseña que el ser humano tiene la riqueza morando en él: el alma, y es tan valiosa que ningún tesoro material la puede comprar: ¿Hay algo que valga más que tu alma?, pero al mismo tiempo tan frágil, que la podemos perder: ¿Y qué beneficio obtienes si ganas el mundo entero pero pierdes tu propia alma? Pues bien, en el plano divino, el alma, o también podemos decirlo, el ser humano, es tan importante que hay que buscarlo y salvarlo a cualquier precio, esté donde esté, así que a esa divina vocación se dedicó Jesús, lo definió como su misión en la vida: "Porque el Hijo del Hombre ha venido a buscar y a salvar lo que se había perdido" (Lucas 19:10 LBLA). Pasar el mensaje de la salvación a todo ser humano ha sido la vocación de los misioneros y de las iglesias a través de los siglos, y sin duda como lo prometió el mismo Señor Jesús, Él va con nosotros en esa Gran Comisión (Mateo 28:19-20). ¡Ganados o perdidos delante de Dios, esa es la condición del ser humano! Y revela su grandeza o su miseria.

Oración:

Ayúdame Señor Jesús a cumplir con el propósito dominante que te trajo del cielo a la tierra y te condujo a la cruz, la salvación de los seres humanos. Haz que crezca en mí tu pasión por la salvación de mi generación. Amén.

Perla de hoy:

¿Y qué beneficio obtienes si ganas el mundo entero pero pierdes tu propia alma? ¿Hay algo que valga más que tu alma?

SEMANA 44

¡VIVIR Y MORIR LIBRES!

"Entonces Jesús decía a los judíos que habían creído en Él: Si vosotros permanecéis en mi palabra, verdaderamente sois mis discípulos; y conoceréis la verdad, y la verdad os hará libres."
–Juan 8:31,32 (LBLA)

Estamos asistiendo actualmente a un movimiento de cambios en el Norte de África, llamado la primavera democrática o la primavera árabe. Dos corrientes mayoritarias navegan para llegar al puerto del poder, una de ellas la democrática, y la otra, el fanatismo musulmán. No sabemos quién dominará al final, pero allí están, en esos países, los admirables pueblos, luchando y muriendo. En efecto, han sido seis meses de lucha desigual entre una población enardecida por tantos abusos de los dictadores que han estado allí por décadas, y gobiernos con ejércitos o milicias armadas con todas las ventajas posibles que concede los armamentos de guerra. ¿Qué buscan y qué esperan, esos jóvenes, y por asombroso que parezca: ¡Las mujeres!? Esos ciudadanos se levantan teniendo solamente en sus corazones y en sus bocas la palabra "libertad"; es posible que muchos mueran, pero mientras vivan, sus gritos los atraviesan hasta ensordecerse a sí mismos, impactando a nivel mundial e influyendo, para frenar el abuso del poder aún en los países democráticos, como es el caso de los "indignados de España". La gente percibe que la libertad de sus derechos humanos ha sido cercenada, viven sumidos en la pobreza social y espiritual, y sueñan con un futuro para sus conciudadanos en donde haya esperanza de prosperidad y felicidad, libertad de expresión y de religión y conciencia, que solo es posible viviendo en democracia. Es decir, la gente luchará hasta el final, porque a la verdad, nuestro paso por este mundo es breve, pero ellos quieren: ¡Vivir y morir libres! Ante el desarrollo de tales acontecimientos, el ver el derramamiento de sangre, el llanto de mujeres y hombres por las injusticias, vienen a mi mente las palabras del escritor venezolano Eduardo Blanco, cuando en su Venezuela heroica dice: "¡Libertad!, ¡libertad!, ¡cuánta sangre y cuántas lágrimas se han vertido por tu causa!...¡Y todavía hay tiranos en el mundo!". Sin embargo, la Biblia nos dice que Dios "ha puesto la eternidad en sus corazones" (Eclesiastés 3:11 LBLA), y por ello, anhelamos: ¡Vivir y morir en libertad!

Ciertamente, la historia nos dice que por ninguna causa se han hecho tantos sacrificios, ni se ha derramado tanta sangre como por la causa de la libertad, por la libertad de conciencia, por la libertad de la patria, o por la libertad de oír y conocer el mensaje de Jesús: —Ustedes son verdaderamente mis discípulos si se mantienen fieles a mis enseñanzas; y conocerán la verdad, y la verdad los hará libres. ¡La sangre de los mártires del cristianismo ha sido vertida para hacer germinar la semilla de la fe a través de los siglos! En este mismo año, muchos están muriendo, precisamente allí, en el Norte de África, en países con religiones ateas como en la China comunista; con religiones múltiples, como el caso de la India y Pakistán –por cierto en este último país, no debemos olvidarnos de esa valiente mujer Asia Bibi, quien a pesar de haber sido legalmente absuelta, está esperando en el corredor de la muerte para ser ejecutada-, pero la libertad que Jesús nos da es por su gracia, no está sujeta a los vaivenes de la historia, ni a los azares de la corrupción gubernamental ni de fortuna; la fidelidad de los creyentes, de los discípulos de Jesús es porque son "verdaderamente libres". Esta es una libertad cierta, profunda e inmutable que atraviesa todo el ser: espíritu, alma y cuerpo. Esta libertad les ha sido concedida por la fe en Jesús a aquellos que quieren: ¡Vivir y morir libres!

Oración:

Amado Padre Celestial:

¡Gracias, gracias infinitas por la libertad que nos has dado en Jesús!, dame fuerza, valor, sabiduría y virtud para preservarla y anunciarla hasta el fin de esta vida temporal, para que otros la conozcan, la experimenten y la vivan. En el nombre de Jesús. Amén

Perla de hoy:

La libertad que JESÚS nos da es la verdadera porque nos trae la vida eterna en Él, al conocer la verdad de su Persona.

SEMANA 45

MIRANDO DE LEJOS

*"Y muchas mujeres que habían seguido a Jesús
desde Galilea para servirle, estaban allí,
mirando de lejos."*
–Mateo 27:55 (LBLA)

Yo no era un cristiano nacido de nuevo, trabajaba durante el día y estudiaba bachillerato de noche; al final de las clases aquella noche, me uní al grupo de estudiantes que vivíamos por el mismo barrio, tomamos el transporte público, y jóvenes al fin, empezamos a bromear, unos con otros. Al pasar por el frente de una congregación evangélica, se subieron al vehículo un buen grupo de cristianos con sus Biblias, y las mujeres con sus velos y vestidos largos. Me sorprendió que mis compañeros empezaran a hacer burlas de las mujeres: "¡Hermana, tremendo vestido, todavía le queda muy corto...", gritó uno. –"Hermana, cante aleluya, aleluya que cada uno agarre la suya", terció una de mis compañeras de estudio. Siguieron con sus burlas; nadie de aquellos amados objetos de las burlas, respondió nada; todos reían pero yo, no soporté más, y empecé a defender al grupo, y lo hice con tal autoridad que yo mismo me sentía sorprendido de aquel resorte que me había hecho levantar del asiento. Mis compañeros, respetaron mis palabras y callaron. Ciertamente, aquella noche yo había dejado de mirar a Jesús de lejos.

Los Evangelios nos dicen que aquel viernes santo, en que Jesús moría en la cruz, Sus discípulos lo habían abandonado, solamente Juan, estuvo allí al pie de la cruz, al lado de la madre de Jesús, María. Por cierto, en todos Sus años de ministerio, Jesús contó con el apoyo de las mujeres. En efecto, cuando Él enseñaba, sanaba y libraba a los cautivos de los demonios y -algunas de esas mujeres como María Magdalena-, que había sido sanada, le servían. Las mujeres no sólo eran participantes como seguidoras contemplativas de Jesús, se encargaban también de muchos quehaceres tanto para el Señor como a Sus discípulos. Esas mujeres les servían haciendo las comidas, lavando las ropas y poniendo ese toque femenino tan necesario en toda escena humana. Debemos recordar que las mujeres no jugaban un papel muy importante ni en lo social, ni en lo civil tampoco en lo religioso, en los tiempos de Jesús. Pero el Señor que hizo a la mujer para ser compañera del hombre, como ningún otro líder religioso, vino a dignificarla y a honrarla e insertarla para siempre como pilares importantes en Su Iglesia.

Pero volviendo al versículo, "estaban allí muchas mujeres mirando de lejos" ¿Qué miraban de lejos? Algunas de ellas como también Sus apóstoles, habían visto a Jesús como un hombre especial, un héroe inmortal que venía del cielo para librarlos del yugo del imperio romano, como un rey humano que estaba fundando un reino terrenal: "Entonces se le acercó la madre de los hijos de Zebedeo con sus hijos, postrándose *ante Él* y pidiéndole algo. Y Él le dijo: ¿Qué deseas? Ella le dijo: Ordena que en tu reino estos dos hijos míos se sienten uno a tu derecha y el otro a tu izquierda" (Mateo 20:20,21 LBLA). Pero ahora, estas mujeres ven a su héroe humano apresado, maltratado, humillado, escupido y crucificado, entonces esas mismas mujeres que le servían en los buenos tiempos, se mantuvieron a distancia, apesadumbradas y sin duda, llorando por su amado Jesús.

¿A que distancia vamos de Jesús en este día? Es posible que en el pasado, le servíamos al Señor con mucho gozo en el corazón, la conversión a Él, tiene esa maravilla que al sentirnos libres y en Él, no queremos distanciarnos; pero es posible que los fuegos de la pasión inicial, se nos hayan apagado como lo ocurrió a la Iglesia en Éfeso, tanto que el Señor le dijo: "Pero tengo esto contra ti: que has dejado tu primer amor" (Apocalipsis 2:4 LBLA). Una cosa que tenemos siempre que recordar es que el amor del Señor por nosotros, no se enfría como el nuestro hacia Él. Es posible que alguna enfermedad, algún problema o circunstancia de la vida nos lleve a la situación de estar "mirando de lejos" ¡No lo contemplemos desde la distancia! Nuestro Dios es fiel: "¿Qué Dios hay como tú, que perdona la iniquidad y pasa por alto la rebeldía del remanente de su heredad? No persistirá en su ira para siempre, porque se complace en la misericordia. Volverá a compadecerse de nosotros, hollará nuestras iniquidades. Sí, arrojarás a las profundidades del mar todos nuestros pecados" (Miqueas 7:18,19 LBLA). Por eso, no te quedes "mirando de lejos."

Oración:

Amado Padre Celestial:

Gracias Señor por tu gracia infinita, quiero por encima de cualquier cosa, interés o persona en este mundo, seguirte y servirte, sin reservas, sin retiradas, y sin lamentos. En el nombre de Jesús. Amén.

Perla de hoy:

*¿Estamos totalmente involucrados en servir al
Señor o lo estamos "mirando de lejos"?*

SEMANA 46

CONFÍO EN DIOS, A PESAR DE TODO

"Cuán bienaventurado es el hombre que ha puesto en el SEÑOR su confianza, y no se ha vuelto a los soberbios ni a los que caen en falsedad."
–Salmo 40:4 (LBLA)

Un joven poeta llegó a la casa de Stéphan Mallarmé para consultarle su opinión sobre un poema que se proponía escribir sobre Dios. "¡Hermoso asunto!", opinó Mallarmé. "¿Verdad, maestro?, pero usted, ¡casi no me atrevo a preguntárselo!, ¿usted, cómo lo ve, cómo lo concibe?", tomó Mallarmé una hoja de papel en blanco, y en medio de él, con aquella caligrafía segura y elegante que poseía, escribió: "Dios". Después, dejó la pluma y permaneció en silencio. "¿Y qué, maestro?", interrogó, al cabo de un instante, el joven poeta. "¿Y qué?, pues nada más. No cabe agregar nada a esa palabra". Las consideraciones más variadas y profundas, las disertaciones más sutiles, y el poema más grandioso que pudiera concebirse, dirían menos que esas cuatro letras: cuando se escribe Dios se ha dicho todo y se ha escrito todo. Por esa razón, aunque algunos digan que se puede triunfar en la vida sin Dios, yo confío en Él.

Aunque algunos me digan que confiar en Dios y depender de Él es signo de debilidad, yo confío en Dios.

Aunque mis amigos me desamparen y me dejen abandonado en el camino a mi propia suerte, yo confío en Dios.

Aunque ruja la tempestad y los fuertes oleajes me amenacen y el peligro me rodee en medio de la oscura noche, yo confío en Dios.

Aunque mi cama esté llena de dolor, y las lágrimas hayan mojado mi almohada, yo confío en Dios.

Aunque la miseria haya tocado la puerta de mi vida y no tenga el pan de hoy, yo confío en Dios.

Aunque mi esperanza se esfume y mis ilusiones no sean satisfechas, yo confío en Dios.

Aunque mis planes fracasen y se trunquen todos mis propósitos, yo confío en Dios.

Aunque vea el triunfo de los malos y el aparente fracaso de los buenos, yo confío en Dios.

Aunque los impíos se enseñoreen y los piadosos sean menospreciados, yo confío en Dios.

Aunque la enfermedad me abata y el duro proceso de salir de este mundo me sea doloroso, yo confío en Dios.

Aunque mi enemigo, la muerte, me cerque y tenga fuerzas solamente para decir una frase, diré: ¡Yo confío en Dios!

Oración:

Padre y Dios nuestro:

Hoy te siento en mi espíritu de una manera especial. Mi fe en Ti es inquebrantable. Que yo pueda decir como el poeta: "Con toda fe muerta, se agigante tu fe". Siento un deleite especial al saber que vas conmigo y en mí. Hoy quiero ser un instrumento en tus manos, un vehículo para hacer el bien que Tú quieres que haga. Que mis manos sean tus manos para dar el pan al que lo necesite. Que mis labios sean tus labios para decir la palabra que edifique, que levante y que sane. Que mis ojos sean tus ojos, cuando explore las peligrosas rutas del camino. Que mi mente sea tu mente para pensar lo bueno, lo grande y lo noble. En el nombre de Jesús, amén.

Perla de hoy:

*Los ojos del SEÑOR están sobre los
que esperan y confían en Él.*

SEMANA 47

EL BINOMIO DE LA SALVACIÓN

"En verdad, en verdad te digo que el que no nace de nuevo no puede ver el reino de Dios."
–Juan 3:3 (LBLA)

Todavía me acuerdo la primera vez que estuve frente al mar, pues habiendo nacido en una montaña, nunca lo había visto. Tenía diez años y viajé a una playa llamada Catia La Mar, muy cerca de Caracas. Mis familiares reían y reían al verme allí parado frente aquella inmensidad de agua que se extendía en el horizonte, admirado por ese bello azul de sus aguas, el sonido de las olas golpeando las rocas, los alcatraces y las golondrinas dándose chapuzones en busca de sus comidas, el imponente sol sobre nosotros y la arena caliente bajo los pies descalzos; me decía a mí mismo, que yo estaba despierto y que aquello no era un sueño; en un momento del día, divisé un gran barco a lo lejos, cargado de pasajeros que se dirigían hacia el puerto, muy cercano, de La Guaira. Mis familiares me advirtieron que el mar era bello, pero que también infundía respeto; en realidad, no me hacía falta esa recomendación, porque yo estaba admirado y aterrado.

¿Cuántos años pasarían antes de que el ser humano estuviera listo para conquistar la inmensidad marina y viajara de un lado a otro sobre sus olas? Una cosa es posible, que los primeros que inventaron una rústica canoa, se dieron cuenta que necesitaban un sistema de navegación para orientarse y no perderse para siempre en el mar. Tendría que ser un instrumento para orientarse, tanto en la superficie terrestre, como en el mar. Así surgió la brújula, el cual es un aparato que consta de dos círculos concéntricos que señala el Norte y la orientación de la embarcación. Ningún navegante se lanza al mar sin este instrumento de navegación. Igualmente, la aviación, también posee un instrumento de vuelo similar, así que si la aeronave se desvía del trayecto previamente determinado, el instrumento lo indica, e inmediatamente, el piloto puede hacer las correcciones y retomar la ruta deseada. Simplemente, usted no puede guiarse por sus sentimientos que le dicen, "siento que es por aquí, o por allá, es arriba o abajo, a la derecha o a la izquierda", pues, si así sucediera es posible que estaría perdido para siempre.

En su inmensa sabiduría, Dios nos dejó la guía infalible de la Biblia y el Espíritu Santo, ambos forman un instrumento espiritual para llevarnos al puerto seguro de la salvación eterna. El Espíritu Santo y la Biblia son el binomio de nuestra salvación. Esto lo comprendemos mejor al ver el relato en la primera entrevista evangelizadora que Jesús sostiene con Nicodemo, que era un hombre a la medida de la perfección moral y espiritual que la religión judía exige a sus líderes. Era un doctor de la ley, la religión era su brújula, y él la seguía al pie de la letra sus indicaciones. Sin embargo, Jesús sorprendió a este gran hombre religioso diciéndole: "De cierto, de cierto te digo, que el que no naciere de nuevo, no puede ver el reino de Dios". ¿Nacer otra vez?, ¿cómo es esto?: "Jesús respondió: En verdad, en verdad te digo que el que no nace de agua y del Espíritu no puede entrar en el reino de Dios. Lo que es nacido de la carne, carne es, y lo que es nacido del Espíritu, espíritu es" (Juan 3:5,6 LBLA).

Ahora bien, ¡No te equivoques Nicodemo! Aunque te laves muchas veces, para tus prácticas religiosas, ¡necesitas nacer de nuevo!, "nacer de agua" no significa "regeneración (o nuevo nacimiento) por el bautismo". No se enseña semejante cosa en ninguna parte del Nuevo Testamento. El agua, especialmente en todos los escritos de Juan, y también en muchos otros pasajes de la Biblia, es el símbolo reconocido de la Palabra de Dios: "¿Cómo puede el joven guardar puro su camino? Guardando tu palabra." (Salmo 119:9 LBLA). Jeremías reprende a su pueblo por haber abandonado la Palabra de Dios: "Porque dos males ha hecho mi pueblo: me han abandonado a mí, fuente de aguas vivas, y han cavado para sí cisternas, cisternas agrietadas que no retienen el agua" (Jeremías 2:13 LBLA).

¿Cómo actúan el Espíritu Santo y la Palabra de Dios en nosotros? Veamos: "Porque nosotros también en otro tiempo éramos necios, desobedientes, extraviados, esclavos de deleites y placeres diversos, viviendo en malicia y envidia, aborrecibles *y* odiándonos unos a otros. Pero cuando se manifestó la bondad de Dios nuestro Salvador, y *su* amor hacia la humanidad, Él nos salvó, no por obras de justicia que nosotros hubiéramos hecho, sino conforme a su misericordia, por medio del lavamiento de la regeneración y la renovación por el Espíritu Santo, que Él derramó sobre nosotros abundantemente por medio de Jesucristo nuestro Salvador, para que justificados por su gracia fuésemos hechos herederos según *la* esperanza de la vida eterna" (Tito 3:3-7 LBLA). El apóstol Pedro nos dice la misma verdad: "*Pues* habéis nacido de nuevo, no de una simiente corruptible, sino *de una que es* incorruptible, *es decir*, mediante la palabra de Dios que vive y permanece. Porque: Toda carne es como la hierba, y toda su gloria como la flor de la hierba. Sécase la hierba, cese la flor, mas la palabra del Señor permanece para siempre. Y esta es la palabra que os fue predicada" (1 Pedro 1:23-25. LBLA).

Pues bien, hoy en día, todos los cristianos nacidos de nuevo tenemos el binomio de Dios como sistema de navegación espiritual, la Palabra de Dios que nos lava y purifica, y el Espíritu Santo que vive en nosotros, el cual "nos guiará a toda la verdad" (Juan 16:13). Si queremos una dirección correcta en nuestra vida espiritual, consultemos al binomio de la salvación.

Oración:

Padre Celestial:

Gracias por dejarnos la guía eterna de tu Palabra infalible y la dirección del Espíritu Santo. Ayúdame para dejar que este binomio espiritual actúe en mí para ser un testigo eficaz en medio de este mundo. En el nombre de Jesús. Amén.

Perla de hoy:

*No andemos en esta vida a la deriva, la Biblia
y el Espíritu Santo son el sistema de navegación
divino, seguro y eterno.*

SEMANA 48

EL MARAVILLOSO PLAN DE DIOS

"Porque convenía que aquel para quien son todas las cosas y por quien son todas las cosas, llevando muchos hijos a la gloria, hiciera perfecto por medio de los padecimientos al autor de la salvación de ellos."
–Hebreos 2:10 (LBLA)

No existe la casualidad en el trato de Dios con el ser humano, todo obedece a un plan creado antes de la fundación del mundo, en la eternidad pasada: "Eligió llevar a muchos hijos a la gloria". De hecho, Dios predeterminó establecer un Reino sobre el cual la Segunda Persona de la Trinidad, el Hijo, habrá de gobernar para siempre, y le dio al Hijo el derecho de heredar todas las cosas que existen, visibles e invisibles: "Porque de Él, por Él y para Él son todas las cosas. A Él *sea* la gloria para siempre. Amén" (Romanos 11:36 LBLA)

Así todas las cosas son de Jesús, son por medio de Jesús y van a Jesús. Ahora bien, como la revelación de Dios es progresiva, en el Antiguo Pacto, todo este plan no fue revelado en su totalidad, y por eso, en el Nuevo Pacto, el secreto de Dios, constituye el Mensaje de la Buena Nueva, del Evangelio. En esta sistematización de la teología, ninguno como el apóstol Pablo, inspirado por el Espíritu Santo, lo explica mejor. Sin duda, Dios usó al Apóstol para revelarnos la Buena Nueva a nosotros: "y sacar a luz cuál es la dispensación del misterio que por los siglos ha estado oculto en Dios, creador de todas las cosas; a fin de que la infinita sabiduría de Dios sea ahora dada a conocer por medio de la iglesia a los principados y potestades en las *regiones* celestiales, conforme al propósito eterno que llevó a cabo en Cristo Jesús nuestro Señor" (Efesios 3:9-11 LBLA). Me llena de gozo al saber que Dios utiliza a la "iglesia para mostrar la amplia variedad de su sabiduría a todos los gobernantes y autoridades invisibles que están en los lugares celestiales". ¡Nunca olvidemos esto!, su iglesia y mi iglesia son agencias del reino de Dios en cualquier lugar. ¡No somos cualquier cosa en esta tierra! Por ello, la existencia de la iglesia a través de los siglos es parte del plan de Dios para iluminar a un mundo perdido. Ante el fracaso de todos los sistemas humanos para llevar a cabo la utopía de la felicidad total de los conciudadanos en esta tierra, las multitudes se volverán a la iglesia, porque allí es el lugar para encontrar y desarrollar el verdadero propósito para esta vida y para la venidera, y al mismo tiempo, entrenarnos para la verdadera razón de nuestro breve transitar en este mundo: conocer y experimentar el maravilloso plan de Dios para nuestras vidas. En la verdadera Iglesia del Señor, la familia de Dios siempre se levantará de toda treta del maligno porque su fundamento es esta verdad, dicha por el apóstol Pedro: "Tú eres el Cristo, el Hijo del Dios viviente". ¡Esta es la verdad, la roca fundamental que sostiene a la Iglesia del Señor! Y por ello: "Y las puertas del Hades no prevalecerán contra ella". En la iglesia del

Señor, siempre hay la esperanza de un mañana mejor porque "Pero en todas estas cosas somos más que vencedores por medio de aquel que nos amó" (Romanos 8:37 LBLA).

Pues bien, ¿Cómo realiza la Trinidad este maravilloso plan de salvación para el ser humano? El Padre concibió el Plan conforme a su voluntad, y el Hijo lo aprobó -incluyendo su Encarnación, muerte y resurrección y hasta su nombre Jesús, es decir, Salvador, es escogido antes de la fundación del mundo-, por eso se le dice a María "Y he aquí, concebirás en tu seno y darás a luz un hijo, y le pondrás por nombre Jesús." (Lucas 1:31 LBLA). La tercera Persona de la Trinidad es el Espíritu Santo, quien es el Administrador del regalo de la salvación hasta el final de los tiempos. Como lo dijera el doctor J. E. Orr, especialista en el Nuevo Testamento y las misiones: "El Espíritu Santo, es el Comandante en Jefe del Ejército de Jesucristo. Señor de la Siega, supremo en avivamiento, evangelización y estrategia misionera. Sin Él, todo está destinado al fracaso. Es nuestra responsabilidad, como cristianos, ajustar nuestros métodos y procedimientos a su estrategia, cuyo fin es despertar y dar vida a la iglesia y a la evangelización del mundo", lo cual nos recuerda la promesa de Jesús cuando dijo: "pero recibiréis poder cuando el Espíritu Santo venga sobre vosotros; y me seréis testigos en Jerusalén, en toda Judea y Samaria, y hasta los confines de la tierra" (Hechos 1:8 LBLA). ¡Ese es el maravilloso Plan de Dios!

Oración:

Padre Eterno:

Gracias por ser el Autor del maravilloso plan para la salvación y redención de los pecadores; por hacer a tu Hijo el Heredero y a nosotros coheredero con Él, y eso nos hace tus hijos; y gracias por el Espíritu Santo, el Ejecutor de tu maravilloso Plan para el ser humano pecador. Ayúdame a ser un instrumento en tus manos para llevar este mensaje a mi generación. En el nombre de Jesús. Amén.

Perla de hoy:

*Confía con todo tu ser, espíritu, alma y cuerpo,
en el plan divino que Dios ha hecho posible
a través de los tiempos, y prepárate para un
fabuloso mañana.*

SEMANA 49

EL OTRO JESÚS

"El me glorificará, porque tomará de lo mío y os lo hará saber. Todo lo que tiene el Padre es mío; por eso dije que Él toma de lo mío y os lo hará saber."
–Juan 16:14,15 (LBLA)

Mientras Jesús anduvo en la tierra en compañía de sus amados discípulos, realizó muchos milagros y portentos en medio de aquella generación que ignoraba que Él era "Emanuel" (Dios con nosotros); así que sus hechos poderosos testificaban de su divinidad; los discípulos sentían como es natural, mucho amor por su Señor y Maestro. En efecto, Jesús los había hecho nacer de nuevo, los amaba, dirigía, los ayudaba en la fe y en creencia, los consolaba en medio de sus sufrimientos, los defendía de los ataques de los enemigos, intercedía por ellos en oración delante del Padre. Sin embargo, el Hijo de Dios estaba limitado en cuanto al tiempo y espacio porque se había Encarnado en un cuerpo humano. Después de tres años de andar juntos, llegó el momento en el cual ningún grupo discipular quiere aceptar la separación de su Maestro; la tristeza debió ser muy notoria en aquella hora: "Por tanto, ahora vosotros tenéis también aflicción; pero yo os veré otra vez, y vuestro corazón se alegrará, y nadie os quitará vuestro gozo" (Juan 16:22 LBLA). Jesús les había hablado varias veces de este acontecimiento, pero a tan sólo horas de su muerte en la cruz, prometió que vendría otro Jesús: "Pero yo os digo la verdad: os conviene que yo me vaya; porque si no me voy, el Consolador no vendrá a vosotros; pero si me voy, os lo enviaré. Y cuando Él venga, convencerá al mundo de pecado, de justicia y de juicio (...) Aún tengo muchas cosas que deciros, pero ahora no *las* podéis soportar. Pero cuando Él, el Espíritu de verdad, venga, os guiará a toda la verdad, porque no hablará por su propia cuenta, sino que hablará todo lo que oiga, y os hará saber lo que habrá de venir" (Juan 16:7, 8,

12,13 LBLA).

Pues bien, este otro Jesús es el Espíritu Santo; como Espíritu no está limitado y es Omnipresente. Como el otro Jesús, produce el Nuevo Nacimiento en el ser humano, lo bautiza sumergiéndolo en su Iglesia para hacerlo coheredero conjuntamente con el Hijo de Dios y por lo tanto miembro de la familia de Dios (Juan 1:12; Efesios 2:19); el Espíritu Santo entra a morar en la vida de la persona nacida de nuevo (1 Corintios 3:16); El Espíritu Santo sella como propiedad de Dios a cada cristiano nacido de nuevo (Efesios 4:30; 1:13); El Espíritu Santo, nos garantiza, con su poder y gracia, la herencia que recibiremos algún día (2 Corintios 5:5).

Vamos a repetirlo para asegurarnos de que estamos entendiendo esta gran verdad ¿Cuáles son los beneficios para todos nosotros que hemos creído al Señor y dejamos actuar a este otro Jesús? Muchas cosas ocurren al instante de aceptar la salvación como el regalo de Dios, entre ellas: Cada cristiano es regenerado (nacido de nuevo), habitado, asegurado, sellado, garantizado, bautizado y lleno del Espíritu Santo. El hecho de que en nuestro ser interior se inicia, por decirlo de alguna forma, una "metamorfosis" –una transformación- así nuestra salvación es un evento pasado, presente y futuro: "estando convencido precisamente de esto: que el que comenzó en vosotros la buena obra, la perfeccionará hasta el día de Cristo Jesús" (Filipenses 1:6 LBLA). Esto lo comprendemos mejor si analizamos este versículo de esta manera: Hemos sido salvados (justificación de la pena del pecado) "quien comenzó la buena obra en ustedes", estamos siendo salvados (santificación el proceso de ser libres del poder del pecado) "la continuará", y seremos salvados (glorificación libre de la presencia del pecado para siempre) "hasta que quede completamente terminada el día que Cristo Jesús vuelva". En otras palabras, ayer fuimos limpios por la sangre de Cristo; hoy somos victoriosos y libres por la presencia del otro Jesús, el Espíritu Santo en nuestras vidas; mañana seremos salvados en el retorno de Jesús, y se nos entregará nuestra herencia, al ser glorificados como Él lo está desde su resurrección; tendremos un cuerpo resucitado sin la presencia del pecado en nosotros, y por ello, seremos libres del pecado para poder gobernar con Jesús por siempre. ¡Bendito sea Dios que nos incluyó en su plan y nos envió a este otro Jesús!, y va con nosotros como lo ha prometido: "Y he aquí yo estoy con vosotros, hasta el fin del mundo" (Mateo 28:20b).

Oración:

Amado Padre:

¡Qué precioso es contar que este otro Jesús, va con nosotros en medio de las pruebas y tribulaciones! Ayúdame a esforzarme en tu gracia y completar lo que me has encomendado. En el nombre de Jesús. Amén.

Perla de hoy:

Los dones y el fruto del Espíritu Santo en nosotros nos otorgan poder para anunciar su mensaje y esperar resultados para su gloria.

SEMANA 50

EL PADRE QUE NECESITAMOS

"Y estas palabras que yo te mando hoy, estarán
sobre tu corazón; y diligentemente las enseñarás
a tus hijos, y hablarás de ellas cuando te sientes
en tu casa y cuando andes por el camino, cuando
te acuestes y cuando te levantes. Y las atarás como
una señal a tu mano, y serán por insignias
entre tus ojos."
–Deuteronomio 6:6-8 (LBLA)

"¡Fran, nació Daniel, y es bello...!", exclamó la orgullosa abuela Lola de Dámaso, tocándome los hombros para despertarme de mi breve paso por el sueño, allí sentado en el banco de la sala de espera del hospital. Ambos corrimos a la sala donde Mary y Daniel nos esperaban. Por primera vez, lo tuve entre mis brazos, lo apreté y lo besé. Desde ese momento, comprendí mejor lo que tantas veces había oído sobre la paternidad. Sí, en efecto, ningún hombre puede saber qué significa la vida, la familia, el mundo, en fin, cualquier cosa, hasta que tiene un hijo, lo ama, lo protege y guía en los primeros años de su vida, porque, entonces, todo el universo cambia y nada es exactamente igual.

Sin embargo, tener hijos no lo convierte a uno en padre, del mismo modo que tener cuadros en la pared de la casa no lo vuelve a uno pintor. Ciertamente, la gran necesidad del mundo actual es de verdaderos padres en todo el sentido de la palabra. ¿Cómo debe ser el padre que necesitamos? Afortunadamente, Dios nuestro Padre Celestial, nos dejó un Libro que es excelente guía para los padres: La Biblia. Allí aprendemos nosotros, primeramente, que todo es perecedero en el mundo, el poder, la fama, las riquezas y la persona misma desaparecen, pero la virtud de un buen padre de familia, vivirá para siempre. Sea que seamos buenos padres o no, de todos modos, vamos de paso por este mundo y moriremos, y si de todos modos vamos a morir, pensemos que la mejor herencia que podemos dejar a nuestros hi-

jos es la herencia espiritual; será necesario haber-
los nutrido con suficiente amor, de tal manera
que ellos puedan repartirlo por donde van; hay
que enseñarle al hijo los valores cristianos, guiar-
lo en la solución de los problemas que plantea la
familia y la sociedad, y que mantenga la unidad
familiar porque el verdadero sentido de la vida es
mantener los lazos que Dios creó, al planearnos
para que fuésemos abejas de un mismo panal y
leños de un mismo fogón; fomentar y desarrollar en nuestros hijos una mente equilibrada por
la fe, la esperanza y el amor, como producto de
un alma bien alimentada por la Palabra de Dios;
un carácter firme, y a la par comprensivo, que
aliente al desanimado, levante al caído, que sea
capaz de perdonar y pedir perdón; que infunda
con la palabra y con la acción el hábito de la asistencia a la iglesia, que es la familia espiritual en
donde nos entrenamos para la verdadera vida en
el más allá y en el más acá.

Cierto es que al final de tu vida, y viendo que
tus hijos no siguen el sendero que les has trazado

te sientas triste, y hasta pueda que escuches que te culpen por lo que está mal en ellos; es posible también, que algún día escuches de sus labios: "Papi, quiero darte gracias por todo aquello que está bien en mí". Así que recuerda, que nunca fuiste perfecto, pero hiciste lo que pudiste; no te dejes dominar por sus críticas: "Haz como sándalo que perfuma el hacha que lo hiere", sigue el consejo de la Palabra de Dios, sigue enseñando y modelando lo que manda la Biblia: Repíteselos a tus hijos una y otra vez. Habla de ellos en tus conversaciones cuando estés en tu casa y cuando vayas por el camino, cuando te acuestes y cuando te levantes. ¡Pase lo que pase, no dejes de ser el padre o el abuelo que necesitamos! Diles a tus hijos cuánto los amas. Al fin y al cabo, ellos no te escogieron como padre, sino Dios. Tus hijos, tarde o temprano, volverán a la Palabra y comprenderán al proverbista cuando dijo: "Oye, hijo mío, la instrucción de tu padre, y no abandones la enseñanza de tu madre; porque guirnalda de gracia son para tu cabeza, y collares para tu cuello" (Proverbios 1:8,9 LBLA).

Oración:

Amado Padre Celestial

Cuando Jesús fue bautizado le dijiste: "Tú eres mi Hijo amado, en ti tengo complacencia". Hoy quiero agradarte como el verdadero Padre que eres para mí, y escuchar que dices lo mismo de mí. Ayúdame Padre, a ser como tú eres. En el nombre de Jesús. Amén.

Perla de hoy:

¡Pase lo que pase, no dejes de ser el padre o el abuelo que necesitamos! Diles a tus hijos cuánto los amas. Al fin y al cabo, ellos no te escogieron como padre, sino Dios mismo.

SEMANA 51

LA LLENURA DEL ESPÍRITU SANTO

*"Así pues, no seáis necios, sino entended cuál es
la voluntad del Señor. Y no os embriaguéis con
vino, en lo cual hay disolución,
sino sed llenos del Espíritu,"*
–Efesios 5:17-18 (LBLA)

La joven Daisy Guillén vino al primer Adiestramiento sobre cómo ser llenos del Espíritu Santo, cómo evangelizar y cómo discipular. Nunca he podido olvidar su relato de lo que Dios hizo por medio de ella, en aquella Primera Marcha Evangelizadora. Todavía me parece oírla en su testimonio al final del evento; conmocionada, dijo entre lágrimas: "¡Nunca en mi vida anterior, a pesar de ser cristiana y haber nacido en un hogar cristiano, había conducido una persona a los pies del Señor, y en esta Marcha Evangelística (sic), en un solo día, el Espíritu Santo por medio de mí, hizo posible que cinco personas vinieran al Señor en un solo día! Nada ni nadie me podrá quitar este gozo...".

Desde luego, aquella joven no fue la única. Los testimonios tanto de los evangelizadores como de los nuevos convertidos que estaban allí, hicieron que todos los que presenciábamos aquel servicio, también explotáramos con voces de júbilo, aplausos y alabanzas al Señor. Por primera vez en todos los años de nuestra vida cristiana, parecíamos borrachos del gozo del Señor al ver a tantos cristianos nacidos de nuevo. ¡Gracias al Señor han pasado 34 años de aquel servicio y la borrachera producida por el Espíritu Santo no se nos ha quitado! Sé que en este mismo instante en el cual escribo este devocional, Aquel que llevó a Felipe al desierto para hablarle a un hombre según el relato de Hechos capítulo ocho, también está conduciendo la evangelización de una persona, porque un hombre o una mujer de Dios, llenos del Espíritu Santo, les está llevando el Mensaje. ¡Bendito y alabado sea nuestro Dios!

En efecto, la alegría en muchas ceremonias judías es representada por el vino. El apóstol Pablo sugiere en los versículos anteriores al citado, que el cristiano lleno del Espíritu Santo puede llegar a conocer y hacer la voluntad de Dios, y por ello, experimentar tal gozo en el Señor, que parecería un borracho al relatar lo que Dios ha hecho en su vida.

Ahora bien, el propósito de la llenura del Espíritu Santo es recibir el poder y la dirección de Dios para ser evangelizadores eficaces al presentar el Mensaje de la Buena Noticia de salvación. Así lo prometió el Señor antes de su partida a los cielos: "pero recibiréis poder cuando el Espíritu Santo venga sobre vosotros; y me seréis testigos en Jerusalén, en toda Judea y Samaria, y hasta los confines de la tierra" (Hechos 1:8 LBLA).

Oración:

Amado Padre Celestial:

Ahora sé que tu Espíritu Santo me atrajo a ti conforme a tu plan eterno. Muchos, en este día, están esperando que les lleve tu Mensaje de Salvación. Espíritu Santo, te confieso mis pecados y te ruego me limpies y me llenes de tu poder para la evangelización eficaz. En el nombre de Jesús. Amén.

Perla de hoy:

El propósito de la llenura del Espíritu Santo es que continuamente estemos alabando a nuestro Dios, y transmitiendo su Mensaje de salvación a otros.

NUESTRO MIEDO Y PODER DEL ESPÍRITU SANTO

"Después que oraron, el lugar donde estaban reunidos tembló, y todos fueron llenos del Espíritu Santo y hablaban la palabra de Dios con valor."
–Hechos 4:31 (LBLA)

Aquel día, terminé mi sermón como predicador invitado con un llamado a participar en la Marcha Evangelizadora, cuya fecha de inicio estaba próxima. Entre varios que pasaron estaba un hombre de unos sesenta años, con muy buen testimonio en aquella congregación; era diácono -en ese año iríamos al oriente venezolano a marchar-, así que él me dijo: "Pastor, yo voy a acompañarlo, pero eso sí, le confieso que me da miedo evangelizar; póngame a hacer cualquier cosa, menos a evangelizar". Con esa resolución en mente llegó el hermano Miguel Pérez al Adiestramiento: "Pastor, quiero ser su chofer", -¡ha sido la primera y última vez en toda mi vida que he tenido chofer!-, estando al tanto de su temor, me maravillé de que el hombre hubiera atravesado casi la mitad de nuestro país para estar allí con aquella "misión".

Le pedí a uno de los mejores evangelizadores que he conocido, Rafael Díaz, quien era facilitador, que lo tuviera en su grupo durante el Adiestramiento, pero, no le dije nada del temor del hermano Miguel a evangelizar. La presentación fue fácil, porque ya se conocían. En toda la semana de Adiestramiento, escuché al hermano Miguel decirme, una y otra vez: "Acuérdese pastor...". Terminamos el duro Adiestramiento, y a la hora de salir a evangelizar en las diferentes ciudades y poblaciones que cubría la Marcha Evangelizadora aquel año, el hermano Rafael Díaz y el hermano Miguel Pérez quedaron en el mismo equipo. Así que, ¡perdí a mi chofer!...

Para llegar hasta la región donde se hacía la Marcha, mi familia y yo viajamos en nuestro carro medio día para llegar a Ciudad Bolívar; el hermano Ángel Pastor Morandi había alquilado una casa a las afueras de la ciudad y le había puesto por nombre "Escuela de profetas". Al amanecer del siguiente día, yo saldría a hacer mi primer recorrido por todas aquellas ciudades en donde teníamos equipos, con la finalidad de darles ánimo, orar con ellos y por ellos, repartir las provisiones que nos enviaban las distintas sociedades femeniles del país; pero antes de salir, el hermano Miguel me dijo, "Pastor, todavía estoy asustado, se lo confieso, pero el hermano Rafael repasó conmigo el folleto "Como ser lleno del Espíritu Santo", y por fe andaré con el Señor, como nos dice la Biblia: "Por tanto, de la manera que recibisteis a Cristo Jesús el Señor, *así* andad en Él" (Colosenses 2:6 LBLA). El hermano Miguel continuó hablando con palabras llenas de resolución y valentía: "Pediré la llenura del poder del Espíritu Santo cada vez que sienta temor de testificar del Señor Jesús; Él controlará mi vida, mis pensamientos, palabras y acciones...". Nos arrodillamos, di gracias al Señor por aquel hombre, que como los primeros diáconos del libro de los Hechos, era "de buena reputación, lleno del Espíritu *Santo* y de sabiduría..."(Hechos 6:3 LBLA).

La semana pasó rápido, y en el día estableci-do volvimos a la "Escuela de profetas"; el ocaso anunciaba que pronto la noche llegaría. Salieron todos con mucha alegría a recibirnos, y el herma-no Rafael me dijo: "Hermano Francisco, aquí la cosecha ha sido grande"... Yo observé, debajo de un árbol, al hermano Miguel arrodillado, ¡estaba en el mismo sitio en donde lo había dejado! Ra-fael Díaz me comentó: "Tenemos un problema con él". "¿Sí? -le respondí y curioso le pregunté-, ¿cuál?", Rafael me dijo, "usted sabe que la meta es conducir a diez personas por evangelizador al mes; y solamente en una semana, el hermano Miguel, ¡ha conducido a más de veinte personas al Señor!, y lo estamos ayudando a dar el dis-cipulado porque él solo no puede atender a ese gran número de discípulos...". Esa noche tuvimos tanta alegría en el culto, que allí mismo celebramos, ¡literalmente estábamos embriagados del Espíritu! Y todo eso porque vimos claramente el cumplimiento de la obra del Espíritu Santo en la vida del hermano Miguel Pérez: "pero recibiréis poder cuando el Espíritu Santo venga sobre vosotros; y me seréis testigos en Jerusalén, en toda Judea y Samaria, y hasta los confines de la tierra" (Hechos 1:8 LBLA).

Oración:

Amado Padre Celestial:

Te alabo Señor por tu misericordia y poder; gracias por darnos tanto el Calvario como el Pentecostés. En el Calvario fuimos perdonados por la sangre de tu amado Hijo, en Pentecostés, el Espíritu Santo nos dio la victoria para anunciar, llenos de su poder, el Mensaje de la Salvación. Señor ayúdame a seguir anunciándote a todas partes adonde me lleves. Lléname de tu Santo Espíritu. Oro en el nombre de Jesús. Amén.

Perla de hoy:

En la evangelización unas pocas palabras llenas del poder del Espíritu Santo equivalen a mil predicadas con nuestros propios esfuerzos.

SEMANA 53

IMPULSADOS POR
EL ESPÍRITU

"Entonces Pedro, lleno del Espíritu Santo,
les dijo:..."
–Hechos 4:8 (LBLA)

Entre los primeros evangelizadores que tuvimos en aquella Primera Marcha Evangelizadora, hubo un jovencito boliviano llamado Johnny Barrientos, de unos 16 años; Dios lo usó grandemente en aquel evento. Por supuesto, para la Segunda Marcha, Johnny fue uno de los primeros que estuvo en Tía Juana, en la Costa Oriental del Lago de Maracaibo, en Venezuela. Me enteré -por medio de otros evangelizadores que venían de la Iglesia Bautista Emanuel de la Castellana en Caracas-, que ese año, Johnny había finalizado sus estudios de la escuela secundaria, y que por haber sido tan buen estudiante, sus padres lo habían premiado con un viaje a Disney World, en Orlando. Me acerqué y le agradecí que estuviera con nosotros, y él me respondió: "Mi lugar está aquí, y estoy feliz". Demás está decir que el sacrificio de aquel joven no fue en vano, Dios lo usó, no solamente para evangelizar y discipular con efectividad, sino también para impactar a otros, entre ellos, a un par de pastores que nos visitaron desde Colombia, el doctor Carlos García y el Rev. Antonio Balanta. Sin duda, Johnny había sido impulsado por el Espíritu Santo, y estaba allí para ser usado por Él. ¡No sería el único! La historia de la evangelización de la nación venezolana, y particularmente, entre mi denominación, la bautista, ha sido impulsada por el Espíritu Santo, aquí no estamos hablando de teorías, sino de vidas ordinarias haciendo cosas extraordinarias para la gloria de Dios.

En efecto, como Director del Departamento de Evangelización de la Convención Nacional Bautista de Venezuela en aquellos años, era mi privilegio dirigir la palabra a muchas personas en iglesias, eventos, y también, persona a persona frecuentemente, por medio de ello, yo los entusiasmaba, reclutaba, entrenaba y enviaba. La pasión evangelizadora nos dominaba e impulsados por el Espíritu Santo, Dios hacía la obra. En uno de aquellos eventos, llegó un hombre comerciante, cerca de los cincuenta años, él vino a hablarme de su preocupación por la falta de fruto en la evangelización personal, todavía me parece verlo allí en el inicio de aquel Adiestramiento caminando hacia el estadio de beisbol, diciéndome: "¡Francisco, no sé qué pasa conmigo, si Dios no me usa aquí, entenderé que la evangelización no es para mí!". Nos detuvimos y oramos, para que tanto a él como a mí, Dios nos llenara con su Santo Espíritu. Anhelábamos que el Espíritu Santo nos impulsara, no para tener sensaciones y emociones, sino para hacer la obra, para lo cual, todavía estábamos en esta tierra: orar, evangelizar y discipular. Aquel hombre fue tan útil trayendo personas al Señor, en aquel evento, que después de la Marcha Evangelizadora de ese año, él y su familia rindieron sus vidas al Señor, y llegó a ser un pastor muy usado por Dios.

¿Has pensado alguna vez que la vida cristiana es mucho más de lo que has experimentado? Jesús dijo: "yo he venido para que tengan vida, y para que *la* tengan *en* abundancia" (Juan 10:10b

LBLA). ¡Esa vida abundante es el resultado de ser nacido de nuevo, y de ser habitado e impulsado por el Espíritu Santo en todo tiempo!: ¿Cuál es el propósito? El mismo Señor lo dijo: "... Seguidme, y yo os haré pescadores de hombres" (Mateo 4:19 LBLA). El verdadero gozo de la vida cristiana es ser impulsados por el Espíritu Santo en búsqueda de hombres y mujeres sin el nuevo nacimiento para llevarles el Mensaje: "pero recibiréis poder cuando el Espíritu Santo venga sobre vosotros; y me seréis testigos en Jerusalén, en toda Judea y Samaria, y hasta los confines de la tierra" (Hechos 1:8. LBLA).

Oración:

Amado Padre Celestial:

En esta hora te doy las gracias por haber utilizado a los amados que por más de treinta años se han dado a ti primeramente y al Espíritu Santo, los has impulsado para conducir personas a ti, abrir nuevas obras, atravesar fronteras y extender el Reino sin mirar el precio. Bendito y alabado seas. En el nombre de Jesús. Amén.

277

Perla de hoy:

Si el lugar del deleite está en hacer la obra evangelizadora, y tú estás evangelizando, también puedes decir: "Mi lugar está aquí, y estoy feliz".

www.ingramcontent.com/pod-product-compliance
Lightning Source LLC
Chambersburg PA
CBHW020918140626
46545CB00015B/222